ビジネスにそのまま使える！

1分で送る
「感じのいい」
メール

シーン別・
そのまま使える
文例
約**300**

伊庭正康
Iba Masayasu

JN021546

KADOKAWA

"秒" で、「心にのこるメール」を届ける

致命的なほどに、おっちょこちょいの私でも

早速ですが、あなたは、メールに自信があるほうでしょうか。

私は、あります。

でも、白状しますと、おっちょこちょいです。

しかも、致命的なくらいに。

誤字もありますし、妙な言い回しを使いそうになることもあります。

それだけではありません。"超"がつくほどの面倒くさがり。

気を抜くとメールの返信が後回しになってもおかしくないくらい。

でも、相手からはこう言われます。

「秒速で、メールが返ってきますね」
「いつも、丁寧なメールをありがとうございます」

そう言うと、なんだか自慢話に聞こえそうなので、さらに白状します。

ただ、ちょっとしたテクニックを使っているだけ。

誰でも、できます。

「そうだったの!?」と失笑されるくらいに、"ズルイ"かもしれません。

実は、キーボードを叩いて、文字入力をしていないこともあります。

誤字を予防できているのも、文章を入力していないから、と言っても過言ではありません。

このテクニックを覚えれば、誰もが、それが可能になることでしょう。

だって、おそらく、あなたより"おっちょこちょい"で"面倒くさがり"な私ができているのですから、間違いありません。

「メール教則本」の落とし穴

そんな私も、かつてはメールの教則本を読みあさりました。

でも、営業現場で勝負をしていた私としては、"淡白な内容だな……"と思ったものです。

確かに「正しい文章」のテンプレートはありました。

でも、「選ばれる人になる文章」「好かれる人になる文章」のテンプレー

トではなかったのです。

メールは、連絡や報告のキャッチボールではありません。

実は、「心」のキャッチボールです。

心配りを伝え、チラッとアピールもしながら関係を築く。

それがメールでのコミュニケーションのポテンシャルと考えています。

でも、忙しいし、文章に自信がない……

とはいえ、「忙しくて、メールがストレス」と思われている方もいらっしゃるかもしれません。

私も深く同意します。かつての私もそうでしたから。

そこで本書では、"秒"で「心にのこるメール」を届けるテクニックをいろいろとご紹介します。

本書のゴールは、素敵な文章のテンプレートを用意すること。そうすることで、文字入力をせずとも、文字を呼び起こすだけで、5～6分かかっていたメールが、30秒程度で送信できるようになります。しかも、心配りのあるメールが、です。

そういった実践で使えるたくさんのテンプレートを用意しました。

ただし、テンプレートと言えども、文章を加筆修正することは必要です。

なので、心配りのある「言い回し」も紹介しました。

直接、会って会話することが難しい状況が増えている今だからこそ、覚えておきたいのが、「選ばれる人になる」「好かれる人になる」メールコミュニケーションです。

ぜひ、「メールのやりとり」をあなたの得意技に加えてみてください。

（株）らしさラボ　代表取締役　研修トレーナー　伊庭正康

もくじ

Chapter 1　ビジネスメールの基本

Chapter 2　最低限押さえておきたい！書き方の基本

Chapter 3　"即座に送る"デジタルツール活用術

Chapter 4　「秒」でセンス UP!!　テンプレート43選

照会・確認・質問する

案内・通知する

回答・承諾する

断る

催促・抗議・反論する

構成：田中潤　カバー・本文デザイン：大場君人　DTP：坂巻治子

イラスト：大野文彰　校正：東京出版サービスセンター　編集協力：石島隆子

"クイックメール作成術" でタイパを高めよう！

✉ メールは"新しいステージ"に入った

私は、メールは新たなステージに入ったと考えています。

今までは、恥をかかないように、失礼なメールを送らないようにすることを学ぶのが主流でした。

でも今は"正しい文章"を送るだけではなく、相手の"心に響く文面"を時間をかけずに送ることが求められる、つまり本当の意味での「タイパ（タイム・パフォーマンス）」を最大化させる時代になったと考えています。

本書では、私も実践し、また研修先の企業でも効果を得られている"センスのいい文章"をサクッと作成する実践技をご紹介します。

✉ コロナ禍以降、メールの重要度がさらに高まっている

コロナ禍になって以降、メールを通じたコミュニケーションの機会は急増しました。

リモートワークの普及によって会うこと自体に制約がかかるようになり、ちょっとした相談や依頼をすべてメールで行って完結することが増えたからです。

それだけではありません。ビジネス習慣も変わりました。これまでなら、面識のない相手にはじめての営業をする場合、まずは電話をして面談の約束をとることから始めたものです。いきなり相手にメールを送りつけるのはマナー的にもよろしくないといった風潮

もありました。

ところが最近では、相手とコミュニケーションをとるのに、電話を素っ飛ばしていきなりメールを送るという "はじめましてメール"でコンタクトをとることも普通になってきています。担当者交代を伝えるときにも、電話を使わずにメールで通知して済ませることもよくあります。

ビジネスツールとしてメールの重要度がさらに高まったのです。

効率だけではダメ。
タイパを高める「2つの要素」

最大限の心配り × 最大限の入力 ＝ 高評価
・クイックな返信
・心配りある文面

相手の心に響くメールを、時間をかけずに送ることが求められます。

メール対応を間違えると
契約打ち切りになることも

　現在はこういう状況なので、メールを上手に活用できないと、仕事の成果にも影響が及びます。実際に、私が担当している新人向けのビジネス研修でも、メールの書き方のレクチャーを求める企業が増えてきています。

　もちろんメールの言い回しにちょっとした違和感があったとしても、クレームに発展するケースはほとんどないでしょう。メールを受け取った側からすると、最初は小さな疑問が生じる程度です。

　ただし、それが何度も積み重なると、相手側には「またか……」という感情が高まり、最終的に仕事や契約を打ち切るといった手段に打って出ることも十分にあり得ます。

　これは私の話になりますが、長い間お付き合いをしていたある会社の担当者が若手の人に代わって、「その表現は失礼では？」と違和感を覚えるメールが何度か送られてきたため、「本人に悪気はないのだろうけれど、ストレスがたまる」と考え、申し訳ないと思いながらも別の会社に乗り換えたという経験があります。

　ビジネス上の損失が生じないよう、メール対応には危機意識をもつ必要があると実感した瞬間でした。

対面では問題なくても
メール対応ができない人が増加中

　最近では多くの人がSNSを利用していて、これまで以上に文章を書く機会が増えてきました。それにもかかわらず、メールとなると苦手な人が多いようです。比較的自由度の高いSNSと違いマナーが求められるからです。

　・夜にメールを送っていいのだろうか

・何時間以内に返信をするべきなのか

・文章の言い回しに自信がない

・メールの文章が淡白になりがち

実際に、こういった人が増えてきているのです。

しかし、私の実感では、たとえメール対応が拙くても、意外にも対面でのコミュニケーションでは同一人物とは思えないほど、しっかりと対応できる人が多いのです。

対面であれば相手の様子を観察しながら会話ができますが、**メールだと文字だけでやりとりすることになるので、相手がどう思っているかという文脈を汲み取りにくいという側面があります。**

実はメールのように文字のみのコミュニケーションでは、対面よりも３倍ほど強くメッセージが伝わるという説があります（『ちょっとしたことで差がつくメールの書き方』〈亀谷敏朗著、星雲社〉）。なので、ほんの少し言い回しやマナーに違和感があるだけでも、印象が増幅されてしまい、「この人大丈夫なのかな？」と不信感を与えてしまうわけです。だからこそ、それを踏まえて、基本的な「メール作法」や「メールの書き方」を今一度学ぶ必要があるのです。

メール作業の時間を短くして 主作業に集中すべき

　次に、ビジネスパーソンにおけるメール使用の実態について把握しましょう。『ビジネスメール文例大全』（平野友朗著、ナツメ社）によると、いかにメールに時間を奪われているかがわかります。

・1日に平均約14通を送信している（受信するのは約50通）
・1通を送信するのに、約6分かかっている

　つまり、14通×6分＝84分、1日に約1時間半もメールの送信に時間をかけているわけです。

　1日の労働時間を8時間とすると、**仕事全体のうちメール作業が占める割合は4分の1以上**となり、かなりのボリュームです。

　まず、メールのために時間をかけることは、まったく意味がないことを認識しておきましょう。私は、コストでしかないと考えています。なぜなら何分かけようが、きちんとした文章、マナーであればいいわけです。ここまで言い切るのには理由があります。仕事の分類を正しくできることこそが、生産性向上に不可欠だからです。

業務は3つに分類できる
（メールは付随作業）

付加価値を高める **主作業**	主作業の準備など **付随作業**	意味のない **ムダ作業**
・お客様と接する ・製品を製造する ・企画を考案する	・メールの送受信 ・ミーティング ・資料作成	・ひたすら待つ ・ミスのやり直し ・資料の華美な装飾
↑ 増やす	↓ 減らす	✕ 無くす

メール作業は付随作業に当たるので、なるべくその時間を減らして、その分だけ主作業に集中すべきです。

仕事の業務は「**主作業**」と「**付随作業**」と「**ムダ作業**」の３つに分類できます。主作業とは付加価値を生み出す作業を指し、具体的には営業なら営業活動を行うなどの、いわゆる本業の作業を言います。付随作業とは付加価値を生まない作業を指し、具体的には社内用の資料を作成したり、事務処理を行ったりする業務です。最後のムダ作業とは、付加価値にまったく関係のない業務を指します。この付随作業とムダ作業をいかに少なくして、本業に関係する主作業に多くの時間を割けるかで、仕事の生産性が大きく違ってきます。

メール作成に文章力は必要なし！

　メール作業はあくまで付随作業でしかありません。手紙のように丁寧な文章を時間と手間をかけて書いたところで、あなたの評価が２倍３倍になることはありません。むしろ、もっと価値を高める仕事、あなたの評価を高める仕事に時間を使うべきなのです。

　さらに言うなら文章力すら必要ではありません。素敵なメール文章のテンプレートを持っておけば、そのままペースト（貼り付け）をし、必要な文言を差し替えるだけでも、素敵なメールを作成することはできます。私も 20 〜 30 個のテンプレートを駆使することで、１通あたり 30 秒程度しかかけていません。

　ビジネスでは、丁寧に時間をかけてメールを作成するよりも、心のこもった言い回しをテンプレートに添え、時間をかけずにメールを送ることのほうが重視されます。

事前にテンプレートを準備して
時間短縮を目指す

　だからこそ、私が推奨したいのが、あらかじめ複数のテンプレート文を用意しておき、各場面に適したテンプレートを使ってメールを送信する方法です。

　もちろん、そのまま送信できるケースは少ないですが、このテンプレートをベースにして、ちょっとだけ文章を書き足したり修正したりすれば、かなりの時間を短縮できるでしょう。

　1通当たり約6分かかると言われるメールですが、私は**1通30秒で送れるようになる**と考えています。言うなれば、**10倍の速さで送れるようになるのがテンプレートの効果**です。

　文章を書くのにテンプレートで済ませていいものかと感じる人もいるでしょう。でも、メールを受け取る側にとってはメールの中身がしっかりしていれば、それがテンプレートを使ったものであろうがなかろうが、それほど関係はありません。

　本書では、ビジネスにおいて頻出したり、とくに対応が難しかったりするシチュエーションに絞り込んで、43個のテンプレートを掲載しました（Chapter4参照）。これらを使えば、メール業務の6～7割程度は短時間でこなせるようになります。

　もちろんテンプレートでは対応できない、複雑で細かい内容のメールを作成しなければならないこともあるでしょうが、こうしたメールの数は多くても3～4割程度です。

　テンプレートを使って"センスのいい文面"を作成しておき、メール業務を短時間で済ませることが重要なのです。

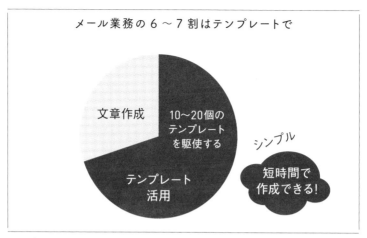

図 メール業務の 6 〜 7 割はテンプレートで

- 文章作成
- 10〜20個のテンプレートを駆使する
- テンプレート活用
- シンプル
- 短時間で作成できる!

テンプレートを使って、メール作成時間の短縮を目指しましょう。

　最近は短時間で情報を摂取することを目的として、コンテンツを倍速視聴する人が増えています。これはいわゆる**タイパ（＝タイム・パフォーマンス）を重視した考え方**ですが、本書で紹介するテンプレートを使った"クイックメール作成術"も同様です。

　メール対応が上手な人というのは、手紙のようなきれいなメール文面を書く人ではなく、あり得ないほどに短時間で"センスのいい"メールを作成・送信できる人を指します。

　そうすることで、仕事の手離れが早くなり、主作業や、テンプレートでは扱えないメール業務に注力することができるでしょう。

メールの履歴は
大切なデータベースになる！

　メールは使えば使うほど蓄積されていき、過去のメールたちは膨大なデータベース代わりになります。今まで行ってきたメールでのやりとりをすべてデータとして残しておけば、のちにメールをさかのぼって調べたいときに、**案件名などのワードを検索欄に入力するだけで**、ピンポイントで探したいメールを引っ張り出すことができるのです。

　ただし、1通のメールで複数の案件についてのやりとりを記していると、見つけ出したメールのなかから、さらに該当する情報を探し出すことになるので、余計な手間や時間がかかってしまいます。ですから、24ページで解説するように、**1通のメールには1つの案件というルールを徹底する**ようにしましょう。

　また、受信メールを取引先や案件ごとなどに手作業でフォルダ分けして管理・整理している人もいますが、私としてはそんなことをする時間すらもったいないと考えてしまいます。自動振り分けの設定をしてもいいでしょうし、そもそも検索すれば関連したメールを抽出できるわけですから、わざわざ余計な仕事をつくって残業することになったら本末転倒でしょう。

　もちろん、会社によっては共有サーバーに負担がかかるので、数カ月単位で過去のメールを削除するようルール化されているところもあります。

　こうした会社では使えませんが、メール容量に制限がない"環境"であれば、メールはすべて残しておき、管理・整理はせずに、必要なときに検索で探すという方法を実践してみてください。

ビジネスメール の 基本

ビジネスメールとは
どのようなツール？

・時間を選ばず、いつでも、どこでも。
・メールでフォローできないこともある。

各コミュニケーションツールのメリット

　メールは相手とコミュニケーションしたいときに使うツールです。こうしたコミュニケーションツールには、メールのほか、対面、電話、ビデオ会議などさまざまなものがあります。

　まずは、各ツールの特長について考えてみましょう。

　「メール」はテキストを通じて相手とやりとりするツールです。自分の都合でいつでも送信でき、受け取った相手が都合のいいときにそれを読んで返信するなど、**時間を選ばずに伝えられることが最大のメリット**でしょう。

　「電話」は、メールでは伝えられないニュアンスやより詳しいディテールを細かく話すことができるというメリットがあります。

　「ビデオ会議」ツールは、画面を通じて映像と音声でやりとりができるので、メールや電話よりもメッセージを伝えやすくなります。

　「対面」の場合は直接会って話し合うことになります。ビデオ会議よりもその場の雰囲気を感じやすく、同じ空間にいるだけで相手の感情がダイレクトに伝わるので、もっともコミュニケーションが濃厚だと言えるでしょう。

次は、各ツールのデメリットについて考えてみましょう。

電話の場合は相手の都合やタイミングが合わないと、折り返してもらったり留守番電話にメッセージを入れたりするといった手間が生じます。

ビデオ会議だと、面談日時を設定したり、ウェブ会議室の URL を発行したりする手間がかかります。さらに、ネット回線が落ちたり、音声が途切れたりするほか、目線や身振りを察知できないので相手側の空気感を読むのが難しいといったデメリットがあります。

対面の場合には面談場所にわざわざ出向く必要があり、もっとも手間がかかると言えるでしょう。

端的に情報をやりとりする程度なら、メールでも十分に意思疎通ができますが、意見の相違があるときは、メールだと伝えられる情報量に限りがあるので、誤解が生じて大きなトラブルに発展することもあるでしょう。とくに感情が絡んだ話になると、ほかのツールを使ってコミュニケーションをしたほうがいいのです。

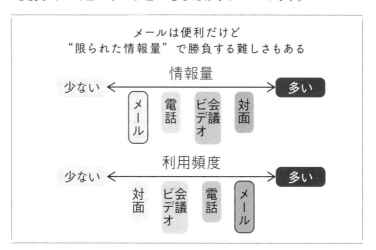

メールはテキストのみなので情報量に限りがありますが、手軽に行えるので利用する機会がいちばん多くなります。

ビジネスメールの種類

・よく使うのは社外・社内向けメール。
・適切なテンプレートを選ぶ。

✉ ビジネスメールは3種類に分類できる

　ビジネスメールは、右上図のように伝達する相手や目的によって3種類に分類することができます。

　まず、大きな区切りとなるのが、**社外向けと社内向け**です。

　社外向けとは、取引先や顧客など、自社以外の人たちと交渉や契約、金銭のやりとりといった業務を円滑に進めるために送るメールのことで、自分や自社の意思を示すために使います。

　社内向けとは、上司や同僚などと、自社内で交わすメールのことで、社内の業務をスムーズに行うためにやりとりします。

　なお、本書では直接ビジネスの業務に関わる社外メールと社内メールに限定して解説しますが、社交メールという祝賀や弔意などの儀礼目的で使われるものもあります。

✉ 社外・社内メールには
どのような場面があるか

　本書ではさまざまなシチュエーションに応じて使えるテンプレートを紹介しますが、それらを右下図のように分類しました。

　社外メールと比べると、社内メールは多少融通が利くので、本書では「上司向け」と「同僚向け」に分けるにとどめ、まとめて「社内でのやりとり」ということで紹介しています。

　状況に応じたテンプレートを探して、それをもとにメールを作成すればカンタン・手軽に送信できるようになるでしょう。

ビジネスメールには 3 つの種類がある

●社外メール

・取引先や得意先など社外の人に向けて発信されるビジネスメール。

・依頼、案内、照会などの場合に利用する。

●社内メール

・社内の人に向けて発信されるビジネスメール。

・報告、議事録、稟議、申請などの場合に利用する。

●社交メール

・儀礼目的で、お祝いやお悔やみの気持ちを伝えるメール。

・お礼、お見舞、弔意などを示す場合に利用する。

よく利用するのは社外メールと社内メールです。

社外・社内メールのケース一覧

社外メール	社内メール
・依頼する（74 〜 93 ページ） ・照会・確認・質問する（94 〜 99 ページ） ・案内・通知する（100〜113ページ） ・回答・承諾する（114 〜 117 ページ） ・断る（118 〜121ページ） ・催促・抗議・反論する（122 〜 133 ページ） ・謝罪する（134 〜 139 ページ） ・感謝する（140 〜 149 ページ）	・上司向け(150 〜 155 ページ) ・同僚向け(156 〜 159 ページ)

シチュエーションのテンプレートが見つけにくい場合は、上記のケースのうち、該当しそうな状況のページから探してみましょう。

評価される
宛名と署名のポイント

・丁寧な宛名は好印象！
・署名に部署名があると評価 UP！

宛名に肩書を書くときは名前の前に入れる

　メールを受け取ったときに最初に読むのが宛名です。第一印象を決める最初の関門と言ってもいいでしょう。下図のように、「社名→部署名→肩書→氏名」の順番に記します。社名と部署名のあとには改行を入れて、肩書と氏名の間にはスペース（空欄）を入れて区切ります。社名は正式な名称で記載してください。略名や（株）などは使用しないよう注意しましょう。

　気をつけたいのは肩書を記す場合で、必ず名前の前に入れてください。メール本文では「○○部長」といったような表記をしてもかまいませんが、宛名にそう書くのは失礼にあたります。

　氏名のあとには敬称の「様」を入れます。ひらがなで「さん」や

宛名の例	
○○株式会社	（社名）
○○部	（部署名）
部(課・係)長　○○様	（肩書　氏名）

肩書にはその人の役職を入れます。

「さま」と書く人もいますが、社外向けの敬称は「様」と漢字で書くのが基本です。相手との関係性が近い場合には、社名、役職を書かずに「さん」や「さま」でも違和感なく受け入れてもらえることもありますが、相手との距離感がつかめない場合には「様」と書いたほうが無難です。

読みにくい氏名の場合には
署名によみがなを入れる

　メールの最後には自分の署名を入れますが、下図のように「社名→部署名→氏名→住所→電話番号（FAX番号）→メールアドレス→自社HP」などの情報を入れるようにしてください。氏名の読み方がわかりにくい人は後ろによみがなも入れておくといいでしょう。意外と忘れがちなのが部署名です。あなたに資料を郵送する際などメールの履歴に残っている署名から探す人も少なくありません。そのときに**部署名まで書いてあると"気が利いている"**と思われます。

署名の例

```
*******************************************
○○株式会社　　　　　　　　　（社名）
○○部　　　　　　　　　　　　（部署名）
○○○○　（よみがな）　　　　（氏名・よみがな）
〒○○○-○○○○　　　　　　　（郵便番号）
○○○○○○○○○○　　　　　　（住所）
TEL：○○-○○○○-○○○○　　（電話番号）
Eメール：○○○○@○○.○○　　（メールアドレス）
https://～　　　　　　　　　（会社URL）
*******************************************
```

氏名のよみがなを入れたり、区切り線を入れたりして工夫をすると、署名が見やすくなります。

案件が異なる場合は
メールを分ける

・同じメールに複数の案件を書かない。
・新たな案件は別の新規メールで送信。

複 数 の 案 件 に つ い て や り と り す る 場 合

　仕事相手とメールでやりとりを行うとき、複数の案件を並行して行うこともあるでしょう。たとえば、「日程調整の件」と「資料の確認依頼」を同時に行いたいときもそうです。

　そういうときに注意したいのが、**1通のメールに複数の案件の話をまとめて書かないようにすること**です。

　まず、1通のメールに複数の案件についての話が書かれていると、必然的にメール文面が長くなってしまいます。相手がメールを読むのに時間がかかってしまいます。次に、読み落としが生じたりもします。とくに後半部分に書かれている相談内容については気づかずにそのまま仕事が進んでいき、納期や締切のギリギリになって判明して炎上案件に発展するなんてこともよくあります。

　こうした事態を避けるためには、**案件ごとにメールを分けて送信することが重要**となります。立て続けに複数のメールを送ることになると、相手に圧迫感を与えるのではないかと心配する人もいますが、メールを何通かに分けることで、話をスッキリ整理できるというメリットのほうを優先してください。むしろ分けて送ったほうが、相手にとっても読みやすいので、評価アップにつながります。

案件ごとにメールを分けて管理する

× ○

メール

| 案件A |
| 案件B |
| 案件C |
| 案件D |

メール　メール

案件A　案件C

メール　メール

案件B　案件D

案件が複数ある場合は案件ごとにメールを分けましょう。

別の案件の話が出てきた場合

　具体的に、私が取引先の研修を担当したときの実例で解説しましょう。研修についてのやりとりは、基本的に受信したメールを返信して行うようにしています。その研修が終了したら、完了報告書や請求書などをメールで送りますが、こうしたメールも同じメールで返信してやりとりします。

　こうしておくことで、その案件に関するメールの履歴は、1つのツリー状に残っているので、あとで検索したいときにカンタンに見つけることができます（返信メールについては30ページ参照）。

　ただし、そのメールのやりとりのなかで、次回の研修についての新しい話が出てきて、日程調整の必要が生じた場合には、そのメールからは返信せずに、新規メールを送るようにしています。今回の研修の話と次回の研修の話をしっかり区分けすることで、のちに混乱しないよう工夫しておくというわけです。

"重い"メールは 未送信になるリスクがある

・ファイルの転送サービスを利用する。
・画像・文字色・太字で工夫する。

添付ファイルは送信前に 再度中身をチェックする

　メールを送るときに気をつけてほしいのが、"重い"（＝容量の大きい）メールを送らないようにすることです。メールに添付ファイルをつける場合は、メールの容量が大きくなりすぎて、相手先のサーバーで弾かれて送れないこともあります。相手先のサーバーが受け入れた場合でも、大容量のメールのデータを受信するのに時間がかかる、サーバーがダウンするといった事態も想定されます。

　メールの容量は2〜3MB程度を目安にしてください。**ファイルの容量を欠かさずにチェックする**ようにしましょう。重い場合はファイル転送サービスを利用したり、クラウドを使い"共有リンク"を貼るようにするのがスマートです。どちらの方法もファイルをアップロードし、相手へのメールにダウンロードのリンク先を記して、そちらからファイルを落としてもらうやり方です。

　実際に送信する前にはそのファイルを開いて、**中身をチェック**してください。とくに契約書や請求書などの場合、宛名や金額などに誤りがあると致命的です。相手の心証が悪くなりますし、再送しなければならないのでさらに時間をとられることにもなるでしょう。

添付ファイルの容量が大きい場合……

大容量

添付ファイル → アップロード → ファイル転送サイト

リンク先の URL作成

メール

http:// ●●●●

URL のテキスト貼り付け

ファイルをファイル転送サイトにアップして、リンク先 URL を作成し、メールにその URL を貼り付けて相手にダウンロードするよう伝えましょう。

メ ー ル は H T M L 形 式 に し て 見 や す く 編 集 す る

　メールの形式には、テキスト形式と HTML 形式の 2 種類があります。テキスト形式とは純粋に文字だけを送るもので、文字の色やサイズなどを変えられません。HTML 形式とは文字だけでなく画像を入れて送れるもので、文字の色やサイズなどを変えられます。

　私は HTML 形式をオススメしています。最近はデータを "軽くする" 技術が進化しているので、比較的 "軽い" データのままメールの中身を見やすく編集することができます。とくに重要な箇所は、**文字を大きくしたり、太文字にしたり、色をつけたりして強調することで読みやすいメールを作成できる**のです。

　また、複数のファイルを添付するときは、確認用にメール本文にファイル名一覧を入力するのと、送受信双方に便利です。または、ファイルが並んでいるスクショ画面を貼り付ければ一瞬でメールに表示できます。

返信・転送時の
件名の絶対ルール

・**返信時、件名は「Re: 〜」のまま。**
・**転送時、件名は「Fw: 〜」のまま。**

返信するときは基本的に件名を変えない

　メールを返信するとき、件名は「Re: 〜」（〜は元の件名）と表示されます。送信メールの内容に合わせて、この件名も変えたほうがいいように思うかもしれませんが、**基本的に同じテーマでのやりとりを続けているのであれば、件名はそのまま変更せずに残しておくのが正解**となります。

　のちにメールのやりとりを検索するときに、件名に書かれているワードで行えば、同じ件名でやりとりしていたメールをすべてひろってくれます。ですが、件名が違っていた場合には、一部のメールが検索から漏れて見つけるのが難しくなることもあります。

　メールソフトによっては、同じ件名で返信を重ねていくと「Re:Re:Re: 〜」といったように、「Re:」が連続して表示されるものもあります。その場合、件名は触らずにそのままにしておいても問題はありませんが、ちょっと気になるというのであれば、「Re:」を1つだけに修正してもいいでしょう。

　ただし、メールのやりとりを続けていくと、当初相談していた件名の内容とは別の話にずれていくこともあります。そういう場合には**元の件名はそのまま残しながら、件名の前の部分に新たに出てき**

た話に関連した件名を入れるようにしましょう。

たとえば、元の件名が「○日開催の講演会の件」の場合、返信を続けている間の件名は「Re: ○日開催の講演会の件」となります。その後、話がずれてきたら、件名を「議題のご相談 Re: ○日開催の講演会の件」と変えればいいのです。

こうすることで、のちに検索をかけたときに検索漏れがなくなりますし、件名が変更されたことから、返信でのやりとりの内容がずれてきたのを把握できるようにもなります。

返信するとき、件名はどうする？

件名：○日開催の講演会の件

  ↓ このメールを返信すると……

件名：**Re:** ○日開催の講演会の件

  ↓ このメールのやりとりの内容が変わってきたら……

件名：**議題のご相談 Re:** ○日開催の講演会の件

メールの内容が件名と違ってきたら、「Re:」付きの元の件名は残しながら冒頭に新たな件名を書き加えましょう。

転送する場合、件名はどうすればよいのか？

メールを転送する場合の件名表記のルールも基本的には返信のときと同じです。転送の場合は「Fw:」（または「Fwd:」）という表記の件名に自動的に変わるだけです。一度転送するだけでやりとりを終えることがほとんどなので、「Fw:」付きの件名のまま、メール本文に**「以下、転送メールとなります」**などの但し書きを入れて送信しましょう。

返信引用を上手に
活用すると喜ばれる

・全文引用でやりとりをチェック。
・部分引用で読みやすく簡潔にする。

返信時に相手の元のメール文面をどうすればいいか

　メールを返信する場合、Gメールと Outlook では引用の表示の仕方が若干異なりますが、どちらの場合でも自動的にメール入力画面に相手の元のメール文面が返信引用付きで表示されます。

　通常のやりとりでは、作成するメール文面の下にこれを残しておきます（全文引用）。これを残すことで、1通の**メール内にこれまでのやりとりの履歴を残し**、さかのぼって内容を確認したいときにスクロールするだけで**カンタンにチェック**できます。

　返信引用を上手に活用すれば、効率よくメールを作成することもできます。とくに複数の用件に対して回答するときに、右図のように「該当する箇所の切り取り＋貼り付け＋回答」を繰り返すことで、一瞬で回答を終えることができるのです（部分引用）。そうでなければ、「わざわざ相手の文章を短く要約したうえで回答する」ことになるので、これは大変な時間を要します。

　なお、私の場合は、見落とされることのないよう、相手の引用部分は黒色、自分の回答部分は赤色に色分けしています。読みやすいメールになるよう意識してカスタマイズするといいでしょう。

返信引用を編集して利用する

○月○日（　）の会議ルーム URL をお知らせします。

(https:// ～)

10 時にご入室いただけますようお願い申し上げます。

⇒ありがとうございます。かしこまりました。

当日は参加者にあらかじめ割り当てたルームで

ロープレを行ってもらいます。

ロープレ終了時間になりましたら、参加者への呼びかけをお願いします。

⇒かしこまりました。

「では、ここからは Zoom でよろしくお願いします」とアナウンスするようにいたします。

部分引用で回答していくと読みやすい簡潔なメールになります。

TO・CC・BCC を意識しよう

メールの宛先を指定する場合、TO・CC・BCC という 3 つの方法で送信できます。通常は TO 欄に相手を指定しますが、相手が複数の場合でも TO 欄に順に並べて入れます。CC（カーボンコピー）欄に相手を指定するのは、別の人に TO で送るメールを「念のために見ておいてほしい」というケースです。この場合、TO 欄の人は CC 欄に入っている人を把握できるので、CC 欄の人があとから返信して話に加わることもできます。BCC（ブラインドカーボンコピー）欄はちょっと特殊で、別の人に TO で送るメールを、TO 欄の人に知られることなく送ることができるというものです。面識がない複数の人に送る場合などに使われることがあります。

メールを送ってはいけない
時間やタイミングとは?

- ・18時をすぎたらメールを送信しない。
- ・24時間以内に返信すればOK。

金曜日の夕方に受信したメールは
どう対応すべきか

　メールを送信するときは時間帯にも配慮すべきです。最近はメールを受信したらスマートフォンに通知がくるように設定している人もいます。その場合、就業時間後にメールを送ったら、こちらがメールをチェックすることを強要しているように受け取られ、相手から「常識やマナーがない人だ」と思われるリスクがあります。

　よほどの緊急事態でない限り、**基本ルールとしては、18時をすぎたらメールを送信するのは控えるようにしましょう。**または、タイマー設定の機能を使って、翌朝の午前中に予約送信してください。

　相手の立場からすると、夜にメールが届いても社内で確認する必要があったりして、結局は翌日対応になることが多いでしょう。

　ちょっとやっかいなのが、金曜日の18時頃に受信したメールに返信するかどうかです。基本的に会社は土日が休みのことが多いので、月曜日の午前中に送ればいいことがほとんどだと思います。

　それでも早めに伝えておきたいことがあるなら、**「土曜日のメールで大変申し訳ございません」**といった断り書きを入れたうえで、土曜日の午前送信のタイマー設定で対処してください。

メールチェックは1日5〜6回程度で十分

　ほかの仕事をしながらメールも確認し、即返信するマルチタスクほど仕事の効率を悪化させるものはありません。スタンフォード大学の研究でも1つのタスクに集中する人のほうが生産性が高いことが実証されています。

　メールの返信は、受信後24時間以内であれば問題はありませんので、1.5〜2時間おきにチェックし、10〜15分くらいでメールを読んで送信しましょう。

　また、受信メールのチェック時には、すぐ返信できるメールと、そうでないメールに分類します。前者は2〜3分で送れそうなメールで、その場でさばいて即座に手離れさせてください。

　後者については、24時間以内に返信できそうなメールと、返信するのに数日を要しそうなメールの2パターンがあります。前者なら落ち着ける時間を捻出して対応してください。後者は社内稟議が必要なケースなどで、**「一度お時間いただいてもよろしいでしょうか」**といった断り書きのメールを送って、いったん手離れさせておきます。その後、社内調整をして、しっかり返事をしましょう。

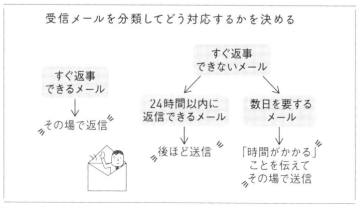

受信メールを分類してどう対応するかを決める

すぐ返事
できるメール
↓
〝その場で返信〟

すぐ返事
できないメール
↓
24時間以内に
返信できるメール
↓
〝後ほど送信〟

数日を要する
メール
↓
「時間がかかる」
ことを伝えて
〝その場で送信〟

「すぐ返信できるメール」とは、テンプレートを活用して即座に対処できるメールのことで、メール数全体の6〜7割が該当します。

長々とメールのラリーを
しないテクニック

- **・感謝の気持ちを伝えて終わらせる。**
- **・確認や修正は1回のやりとりで。**

一般的には依頼側が
メールのやりとりを締める

　メールでやりとりをしていると、ずっと返信が繰り返されて永遠に続くような状況に陥ったことはないでしょうか。これは、やりとりをうまく切り上げられないことが原因です。

　まずは基本的な考え方から解説しましょう。

　通常、メールで確認や依頼、お願いごとをしたら、相手からそれに対する返信メールが届き、さらにそれを受けて、下記のように感謝や恐縮の気持ちを伝えて終えるのが一般的です。

「ありがとうございます。

**　引き続き、よろしくお願い申し上げます」**

「お手数をおかけします。ご不明な点などがございましたら、

**　おっしゃってください。よろしくお願い申し上げます」**

　つまり、依頼した側がメールのやりとりを締めるというわけです。

　この基本ルールがわかっていないと、依頼を受けた側がさらに返信して、依頼側がまた返信して……といったように、長々とメールをやりとりするはめにもなりかねません。

メールのやりとりは1回半で終えるのが基本

依頼   相手

確認・依頼

返事

感謝・恐縮

確認や依頼をしたら、相手から返事がきて、それを受けて感謝や恐縮の意を示すことで、メールのやりとりを締めます。

何度も相手がメールをしてくる場合の対処法

　相手によってはさらなるコミュニケーションを求めてくることもあります。これは、相手が追加で確認や依頼をしてくることが原因で起こりがちです。1回で確認や依頼を済ませるべきところを、社内調整ができていないせいで、何度も上司から追加の指示を受け、新しい確認ごとや依頼の返信メールをしてくるというようなことです。

　こういう状況を避けるには、下記のように、納期が迫っていることを伝えて話を切り上げるようにしてください。

「もし可能でございましたら、納期に鑑み
まとめておうかがいできれば幸いでございます」

　ちょっと長引きそうだなと感じたら、このような返信メールを送ってみましょう。1回でやりとりを終えるよう促す方法もオススメです。

メールの署名欄が
名刺代わりになる時代に

　最近ではオンライン経由のみで仕事が"完結"して、相手と会うことなく、業務を終えるケースが増えてきました。今後名刺を実際に交換する文化はなくなることが予想されます。そうなると、メールの署名欄が名刺の代わりの役割を果たすことになります。今後は署名の重要性があがると言えるでしょう。

　ですから、**署名には正式な社名（略称ではなく）や住所、電話番号などの情報を必ず入れるようにしてください**。仕事相手は請求書作成や郵便物送付、緊急の電話をするときに、過去にやりとりしたメールを探して、そこの署名に書いてある情報を利用することがあるからです（23 ページ参照）。

　実際に署名を作成する場合、同じ会社の先輩や同僚などのメールの署名の部分をコピー&ペーストしたうえで、自分の署名用として編集すると時短で作成できてオススメです。

　ちなみに、メール作成において、コピー&ペーストはよく使うテクニックです。たとえば、相手が複雑な社名だったり、氏名が難しい漢字だったりした場合、相手のメールの署名欄からコピペすれば、書き間違いを防ぐことができます。

　件名を書くときにもコピペが使えます。文面を要約して件名を作成してもかまいませんが、私なんかは時間がかかって面倒なときは、メール文面の使えそうな箇所をコピペして済ませることがあります。件名がちょっと長めになりがちですが、それでもメッセージをわかりやすく伝えられるので、コピペできそうな文面があれば手軽に実践しています。

最低限
押さえておきたい！
書き方の基本

わかりやすい文面を作成する㊙テクニック

- **箇条書きで書けばスッキリする。**
- **長い説明にはPREP法でスマートに。**

箇条書きを使って簡潔にわかりやすく

まずは形式面を工夫して、見やすいメール文面を目指しましょう。

手紙の場合には、段落の冒頭は1文字空きにすることが一般的ですが、メールの場合はそうする必要がありません。左寄せで書くようにしてください。

1行当たりの文字数は25〜30字程度を目安に改行を入れるようにしましょう。**1段落の行数は5行程度とし、段落間は1行空き**にしてください。

そのほか、詳細な説明が必要で、文章が長くなりそうな場合、うまくまとめられそうであれば、箇条書きでスッキリ見せられるようにしましょう。**日程調整の候補日を複数示す場合などは箇条書き**が最適です。

PREP法を使って話の構成を考える

文章が苦手で、メッセージを端的に伝えることが難しいと思っている人は、右下図のPREP法を参考に全体の構成を考えてみるようにしてください。これは**結論から先に話すというメソッド**です。

最初に「結論・要点」（Point）を示してから、そこに至った「理由」（Reason）を提示し、次に「具体例」（Example）で説得力を持たせたうえで、再度「結論・要点」（Point）をまとめるという方法です。それぞれの段階の頭文字をとって PREP 法と言います。

実際に文章にする場合は、下図の文の「〜」部分に、該当しそうな言葉を検討して当てはめていけば、簡潔ながらも端的な文章ができあがります。

メール文面作成の形式ルール

☑ 文章はすべて左寄せ
☑ 1 行当たりの文字数は 25 〜 30 字にして
　 区切りのよいところで改行にする
☑ 1 段落は 5 行程度でまとめる
☑ 段落ごとに 1 行空きにする
☑ 箇条書きを使って見やすくする

文字密度の高くない、見やすいメールを心がけましょう。

PREP 法を用いた話の組み立て方

Point 結論・要点	お疲れ様です。○○です。 今後の対応について整理をしました。 来週には、＊＊＊に取り掛かりたいと 考えております。
Reason 理由	理由は、＊＊＊のためです。
Example 具体例	具体的には、以下を考えております。 ・○/○に、＊＊＊＊を実施。 ・○/○に、＊＊＊＊を確認。 ・○/○に、＊＊＊＊も実施。
Point 結論・要点	これらを実行することで、○/○には、 承認を得られると考えております。 いかがでしょうか。 ご意見を賜れましたら、幸いです。 よろしくお願い申し上げます。

たったコレだけでOK！
敬語表現をマスターする

・「便利な敬語フレーズ」を覚える。
・とはいえ、尊敬語・謙譲語に注意。

相手を高めるのが尊敬語、自分がへりくだるのが謙譲語

　最低限の敬語を使えないと、相手にメール文面が拙いと思われるリスクがあります。そこでまずは、「尊敬語」「謙譲語」「丁寧語」という3つの敬語を使い分けられるようにしましょう。よく使う便利な敬語だけを覚えておけばOK（右図参照）。

　尊敬語とは相手を高める気持ちを表すもので、メールの相手や外部の人が主語のときに使います。謙譲語とは自分がへりくだることで相手を高める気持ちを表すもので、自分や社内の人が主語のときに使います。丁寧語とは丁寧な言い方で、誰に対しても使います。「です」「ます」「ございます」のほか、言葉の最初に「ご」や「お」をつける（「ご都合」「お礼」）などの使い方があります。

　とくに間違えやすいのが尊敬語と謙譲語の使い分けです。

「○○商事の○○課長がそのようになされたので、私もそのようにいたしました」

　上記文中の**「なされた」**が尊敬語、**「いたしました」**が謙譲語に該当します。正確には、前者は「する」を過去形にしたうえでの尊敬語、後者は「する」を過去形にしたうえでの謙譲語となります。

尊 敬 語 と 謙 譲 語 の 使 い 分 け

　主語が社外の人の場合には尊敬語、主語が社内の人の場合には謙譲語を使いますが、下記の実例で練習してみましょう。

「○○社長も今年が勝負だと言っていた」

　この例文の主語である「○○社長」が社内の人を指す場合は、**「社長の○○も今年が勝負だと申しておりました」**と謙譲語（「申しておりました」）を使って表現し、「社長の○○」というように呼称の「さん」や「様」をつけずに書きます。

　他方、主語が社外の人を指すのであれば、**「○○社長も今年が勝負だとおっしゃっていました」**と尊敬語（「おっしゃっていました」）で表現し、「○○社長」という言い回しか、「○○さん」や「○○様」と敬称をつけて書くようにしてください。

　最初のうちは下の表を参考に当てはまる表現を探しましょう。

	「尊敬語」「謙譲語」「丁寧語」の便利フレーズ		
基本形	尊敬語（相手が主語）	謙譲語（自分の側が主語）	丁寧語
言う	言われる、おっしゃる	申す、申し上げる	言います
話す	お話しになる	お話しする	話します
聞く	お聞きになる、聞かれる	お聞きする、うかがう、承る	聞きます
書く	お書きになる	お書きする	書きます
見る	ご覧になる	拝見する	見ます
食べる	召し上がる	いただく、頂戴する	食べます
行く	いらっしゃる、行かれる、おいでになる	うかがう、参る	行きます
来る	いらっしゃる、おいでになる、お越しになる	うかがう、参る	来ます
いる	いらっしゃる	おる、おります	います
する	される、なさる	いたす	します
思う	思われる、おぼしめす、お思いになる	存じる	思います
知る	ご存じ	存じる、存じ上げる	知っています
あげる	賜る	差し上げる	あげます
もらう	お受け取りになる	頂戴する、いただく	もらいます
会う	お会いになる	お目にかかる	会います

慣れるまでは基本形欄の言葉から該当する敬語表現を探して、適切な表現に書き換えていきましょう。

一目置かれる「書き出し」と「結び」の決めゼリフ

- 「お世話になっております」＋名乗る。
- 「よろしくお願いします」に付け足す。

書き出しの基本

　次に、書き出しと結びの文例について考えてみましょう。

　書き出しのポイントはシンプルで、**「お世話になっております」** という文面と名乗りをセットで入れるようにすることです。ここでいう名乗りとは文面の最後に入れる署名のことではなく、会社名や肩書、氏名を名乗る文面を指します。文末に署名を入れるなら名乗りは必要ないように思えますが、書き出しのあたりに名乗っていないメールは相手にかなり雑な印象を与えかねません。

　ビジネスメールでは、**「お世話になっております。○○株式会社○○部の○○でございます」** と、セットで入れるのが礼儀なのです。

相手との関係性に応じて書き出しを変えることもある

　書き出しの「お世話になっております」という名乗りフレーズは定番中の定番です。これらは最初に必ず入れるようにしましょう。基本的にはこれでほぼ間違いはありませんが、相手との関係性に応じて使い分けられるようになると、一目置かれるメールとなります。

　たとえば、初対面や目上の人が相手なら、「お世話になっております」という名乗りに続けて、次のような文面を入れるとよいでしょう。

「突然のメールで失礼いたします。御社の HP を拝見し、はじめてメールを差し上げました」

「〜様からのご紹介でメールを送らせていただきました」

「日頃から〜をご利用いただき、誠にありがとうございます」

　相手が役職者などの場合には、**「平素は格別のお引き立てをいただき、ありがとうございます」**といったように、もう少し堅めの文面でもよいでしょう。こうした文面が書けると、軽くあしらわれにくくなります。

　久しぶりの相手であれば**「ご無沙汰しております」「その後、いかがおすごしでしょうか」**、メールを何回も送る場合には**「立て続けのご連絡で失礼いたします」**といった文面を入れてください。

　ちなみに社内の同僚などが相手であれば、シンプルに**「お疲れ様です」**のみで十分です。

　なお、相手からの返信を受けての場合には、**「お世話になっております」**という名乗りに続けて、**「ご返信ありがとうございます」**といった文面を入れるのが基本ですが、メール対応が早かった場合には**「早速のご返信ありがとうございます」**といった文面も使うといいでしょう。

結びでよく使うフレーズ

　結びについては「よろしくお願いいたします」が基本フレーズですが、最後のフレーズは極めて重要です。最後の印象こそが、この先も印象として残る心理効果（親近効果）があるからです。

　業務連絡で丁寧に伝えるなら、下記のように言葉を付け足します。

「どうぞ、よろしくお願い申し上げます」

「何卒、よろしくお願い申し上げます」

　取引先との仕事が継続中であれば、

「引き続き、よろしくお願い申し上げます」

　さらなる協力を求めたいなら、

「今後とも、お力添えのほど、よろしくお願い申し上げます」

　ちょっと難儀な依頼をしたのであれば、

「勝手なお願いで大変恐縮ですが、よろしくお願い申し上げます」

　確認事項を伝えたのであれば、

「ご確認のほどよろしくお願いいたします」

　返事を求める場合には、

「お手数ですが、ご返事いただければ幸いでございます」

「ご検討のほど、よろしくお願い申し上げます」

　といった文面を使います。

　相手との対面を願うときには、

「お近くにお越しの際はぜひお立ち寄りください」

　対面や出席の約束があるときには、

「お会いできることを楽しみにしています」

「ご参加をお待ちしております」

　という言い方をするようにしましょう。

「取り急ぎ、よろしくお願いいたします」

「取り急ぎ、お礼申し上げます」 といったフレーズも多用します。

これらは、本来であれば丁寧に報告したりお礼を伝えたりすべきところを、急いで伝える必要がある場合などに用います。

相手からの評価があがる決めゼリフ

　私がメールの締めによく多用している決めゼリフです。

「ご不明な際は、お気軽におっしゃってください」

「今から楽しみでございます」

「お礼を兼ねて失礼いたします」

　これらのキラーフレーズを述べたあとに、最後に**「引き続き、よろしくお願いいたします」**などの言葉でメールを締めます。

　1つ目のフレーズは「ほかに何かあったら」といったニュアンスで相手に歩み寄る感じが出ます。2つ目と3つ目のフレーズは自分の意気込みを示すものになります。

　こうしたフレーズをたくさん使えると、相手からの評価があがるので、つねに意識して盛り込むようにしてください。

自 分 軸 で は な く 相 手 軸 で 考 え て 言 葉 を 選 ぶ

　結びの言葉については、自分軸ではなく、相手軸で考えるようにしましょう。たとえば、相手に返事を求める場合に「よいご返事をお待ちしております」という言い方では自分の都合だけを考えているようで、ちょっと厚かましい印象です。**「ご不明な点がありましたら、何なりとおっしゃってください」**と添えるとセンスがアップします。

「今週中にご覧いただければ幸いです」といった言い方も、勝手に期限を区切った物言いが気になります。その場合には**「〜という事情がありまして、今週中にご覧いただくことは可能でしょうか」**と、せめて相手が対応できるかどうかを尋ねる文面にしてください。また、**「お手すきのときにご連絡いただければ幸いです」**という文面もプッシュ感が強くないので悪くはないでしょう。

　上から目線に感じられる文面も避けてください。「来週の月曜には送っていただきたいです」では、相手へのケアが足りません。「来週の月曜に送っていただくことは可能でしょうか」といったように相手を尊重する言い回しがセンスのいい表現になります。

45

ソフトな言い回しを
身につければセンスUP

・「ください」は命令口調なのでNG。
・クッション言葉をつければセンス UP。

「～してください」は禁句

　相手にお願いごとをするときに「～してください」という言い方をする人がいますが、これはかなり命令口調な表現のため、文面にすると偉そうな印象を相手に与えかねません。こうした場合には、次のようにちょっと工夫をした言い回しに変えてみましょう。

「～していただけると助かります」
「～していただけると幸いです」
「～していただいてもよろしいでしょうか」

　こうするだけで、伝えたい内容は同じだとしても、丁寧な言い回しとなり、相手が抱く印象はまったく変わってきます。

　ただし、「～していただけるとありがたいです」という言い回しは使わないようにしてください。「ください」の命令口調を避けようとして「ありがたい」を使っているのでしょうが、やや上から目線で言われているように受け取られかねません。

クッション言葉でぶしつけ感をやわらげる

　お願いごとをする場合には、そのまま伝えると単刀直入な印象を

与えるおそれがあります。こうしたぶしつけ感をなくすには、本題の前置きとなる"クッション言葉"が効果的です。

　クッション言葉「お忙しいところ〜」を使う文例

「お忙しいところ、勝手を申しますが」

「お忙しいところ、恐縮でございますが」

　クッション言葉「お手数」を使う文例

「お手数をおかけしますが」

「お手数をおかけして大変恐縮でございますが」

　こうしたクッション言葉をうまく使えないと、相手にやや乱暴な印象を与えることにもなりかねません。

断る場合は「不可抗力」と「気持ち」を伝える

　反対に、相手からお願いごとをされて断る場合には、次のような淡白な印象を与える文面は避けたいところです。

「せっかくでございますが、

　その日は都合がつかず、欠席でお願いします」

　上記の文面は次のように変えてみましょう。

「せっかくでございますが、その日はスケジュールの変更が難しく、

　誠に勝手ながら、欠席とさせていただきたく存じます。

　私のほうでできることがあれば、

　お気軽におっしゃってくださいませ」

　これなら、断る理由が明確で、「どうしても参加できない」という不可抗力による欠席であることが伝わるし、さらには「何かできることがあれば〜」という協力の申し出までしているので、相手に寄り添っている印象を与えることができます。断る際には「不可抗力」と「気持ち」をしっかり伝えるようにしてください。

相手のミスを伝える場合には
「責めの言葉」を使わない

　相手の落ち度を指摘する場合の言い回しについても考えてみましょう。よくやってしまうのが、下記のような言い方です。

「お見積もりはまだでしょうか」

「ご返信がまだのようです」

　確かに相手に瑕疵があるのでしょうが、こうした言い方では相手の心証が悪くなり、今後の仕事に支障が生じかねません。

　このようなことを指摘したいなら、下記のように「自分側にも落ち度があったのかも」「念のため確認させてほしい」といったニュアンスを込めるようにしてください。

「〜とおっしゃっていましたが、

**　メールの確認がとれておらず、失礼いたしました。**

**　もしお送りいただいているようでしたら、ご容赦ください」**

「その後、ご状況はいかがでしょうか」

　メールが苦手な人にありがちなのが、相手に気持ちよく仕事をしてもらおうという気遣いのある言い回しが抜け落ちていることです。指摘する際は、アグレッシブに攻撃している感じをなるべく出さず、人間関係が円滑に進むよう努めてください。

「小さなやらかし」を予防する

　意外に多いのが "損な表現" を使ってしまい、相手の気分を害してしまうことでしょう。

　このようなメールも少なくありません。

「日程調整をしましたが、

　両日とも予定が入っているため変更ができません。

申し訳ないですが、来月の候補日を３日ほどください」

日本語としては間違いではないですが、気分を害させてしまいかねないメールであることは間違いありません。

この文面を添削すると下記のようになります。

「日程調整の件が難航いたしました。

両日とも予定が入っておる状況でございます。

大変恐縮ではございますが、来月の候補日を

３日程度、頂戴することは可能でしょうか」

このように、本項で解説した言い回しを使うだけで、柔らかい文面に変えることができます。

コロナ禍以降、対面で会う機会が減っています。メールでの"小さなやらかし"は、リアルの場での"フォロー"ができなくなっているので、相手に不信感を与えるきっかけにもなりかねません。

Column

距離感を縮めたいときには？

仲良くなった担当者や取引先が相手なら、「！」（ビックリマーク）が使えると、人間関係がより親密になることがあります。私も相手を見ながらではありますが、「ありがとうございます！」「精一杯努めさせていただきます！」と意気込みを伝えることがあります。「！」があってもほかの文章が丁寧なら問題はなく、堅さを緩める"スパイス"にもなります。

ただし、相手との距離感をつかむのが苦手な人は気軽に「！」を使わないようにしてください。それが得意な人はもともと人間関係を円滑に進めるための基本が備わっているからこそ、崩しの「！」が効果を発揮する局面を見極められるのです。

納期や期限を伝えるときのポイント

・納期は「○月○日（ ）」と具体的にする。
・実際の納期の1〜2日前に設定する。

納期を伝えるときに「すぐに」「急いで」「なるべく早く」はNG

仕事には納期や締切がつきものですが、これらを伝えるときは、「すぐに」「急いで」「なるべく早く」のようなあいまいな言い回しは避けるようにしてください。

時間の感覚は人によって異なっています。上記の言い回しで、「今日中」と思う人もいれば、「明日まで」または「今週末まで」ととらえる人もいるでしょう。納期や締切は「○月○日（ ）まで」といったように具体的に設定してください。

また、設定した日にちの時間まで提示しないと、指定日の就業時間後に納品する会社や人がいるかもしれません。そうならないよう「○時まで」と指定したくなりますが、時間指定すると、相手に「細かい人だ」と思われるおそれがあります。緊急の要件ではない場合、時間まで指定してくるような人はほとんどいないでしょう。

万全な対応のために納期や締切にバッファ（余裕）を持たせるようにしましょう。前倒しのスケジュールとなる前日や前々日の日にちを伝えるのです。その日の夜遅くに納品されたとしても、実際の納期まではまだ余裕があるので、焦ることなく対応できるでしょう。

新規営業で日程調整を申し出るときの要注意点

メールで日程調整の相談をすることは多いですが、まだ面談の了承を得ていない段階で、いきなり日程の候補日を送りつけるのは絶対に NG です。とくに新規営業のメールを送るときに、まだ人間関係がしっかり構築できていないのに面談の候補日を提示すると、かなり図々しい印象を相手に与えてしまいます。

まずは、**「お打ち合わせのお時間をいただくことは可能でしょうか」** と相手に投げかけるようにしてください。

そこで了承を得たら、ようやく日程調整に進むことができます。省略せずに、きちんとステップを踏むようにしましょう。

Column

日程調整の記載も時短できる!!

私は日程調整の候補日を記入する場合、「以下の日程でご都合いかがでしょうかメーカー」（https://shirasaka.tv/ikano/）というウェブサイトを使っています。

このサイトでは左側にカレンダーと時間が表示されています。

候補となる日にちと時間帯をそれぞれクリックするだけで、下記のように候補日を作成できる優れモノ。

○月○日（水）10:00 〜 11:00

○月○日（木）14:00 〜 15:00

○月○日（木）13:00 〜 13:30

手間を省けるだけではなく、曜日の間違いも防げますので、一石二鳥です。

相手に手間を
かけさせない！
コレができれば上級者

・あいまいな件名は NG。

・相手に手間をかけさせない工夫を。

必要がなければ「返信不要」と伝える

　相手に気持ちよく仕事を進めてもらうには、工夫してなるべく余計な作業をさせないようにすることが重要です。まず実践していただきたいのが、下記のように、メールの最後のほうに「必要がなければ返信をしなくてもいい」と伝えることです。

「お時間のあるときに、お目通しください。

**　ご返信は不要でございます」**

「何かございましたら、

**　今月中にご連絡いただければ幸いでございます」**

「お忙しいと存じますので、ご返信は不要でございます」

隅付き括弧を使って強調する

　メールの件名も工夫していただきたいところです。仕事のメールは大量に届くことが多いので、瞬時に用件が伝わる件名になっていないと、相手がメールチェックを後回しにする可能性があります。

　たとえば、「お知らせ」「ご相談」「お世話になります」「スケジュールの件」「請求書の件」といったあいまいな件名は NG です。

　下記のように、プロジェクト名や納期・請求日の日にち、メール送付の目的などの要素を入れて、具体的な件名にしてみてください。やや長めの件名ですが、20 文字程度であれば問題ありません。

「○月○日（　）開催のスキルアップ勉強会のお知らせ」

「○月分のご請求書送付のお願い」

　強調したい部分に【　】（隅付き括弧）の記号を使うのもオススメです。たとえば、下記のような件名だと、視認性があがり、目につきやすくなります。報告か、連絡か、返信不要かといった優先度、請求書送付の期日などをひと目で確認できます。

「【返信ご不要】○月○日（　）の打ち合わせ内容の詳細」

「【ご報告】～案件のスケジュール変更について」

「【請求書の件】○日（　）までにいただけると幸いです」

　この記号は便利なので多用しがちですが、やりすぎると逆効果です。ダイレクトメールなどで、件名に【重要】【緊急】と書かれたものを見かけることがよくありますが、受け取った側は「それは、あなたの都合でしょ」という印象を抱き、あなたの評価を落としかねません。使わないようにしましょう。

相手にメールをさかのぼらせない

　相手にこれまでのメールのやりとりをさかのぼらせるといった手間をかけさせるのも NG です。「以前のメールでお伝えしていた件でご返事を～」と書く人がいますが、こうしたメールを受け取った相手はいちいちメールを検索して調べる手間が生じてしまいます。そうならないよう、下記のように、どういう用件だったかを具体的に入れてみてください。

「○月○日（　）のメールに関して連絡を差し上げました」

「～の件のご返事を確認したく～」

承諾率をUPさせる
ひと言は？

・お願いをするときは理由も一緒に。
・「ございます」「存じます」を身につける。

理由の正当性に関係なく、
人は頼まれごとを承諾する？

メールを通じて相手にお願いをする場合、その理由も一緒に伝えると、その相手は自分が尊重されていると感じて、納得してもらいやすくなります。これは、ハーバード大学の心理学者であるエレン・ランガー教授の実験結果からも証明されています。

右表は、相手にコピーをとるよう頼んだときに、一緒に理由も伝えたら承諾率がどう変わるかを調べたものです。

5枚のコピーを頼むときに、(1)「ただ頼むだけの場合」は60%、(2)「『コピーしなければならない』という理由になっていない理由で頼んだ場合」は93%、(3)「『急いでいる』という理由で頼んだ場合」は94%の承諾率という結果になりました。

理由をつけたほうが承諾率はあがりますが、(2) と (3) の場合でも承諾率がほとんど変わらないという点に注目してください。

つまり、理由の内容の正当性はあまり関係がなく、頼みごとをするときには何でもいいので理由をつけるだけで受け入れてもらいやすくなるというわけです。メールで依頼をするときには、理由とセットで伝えることが必須だと言えるでしょう。

エレン・ランガーの実験結果

ケース	要求した内容	承諾率
(1)	単純に要求のみ	60%
(2)	理由になっていない要求	93%
(3)	理由をつけた要求	94%

承諾率はほぼ同じ！

コピーを 5 枚とってもらう程度のお願いなら、内容の正当性はどうであれ、何かしらの理由を添えると承諾率が高くなります。

謙譲語を有効活用しよう

基本的にメールは丁寧語の「です・ます」調で書いている人も多いのですが、あえて「ございます」や「存じます」、「承ります」といった、普段の日常生活では使わないような謙譲語を使ってみることをオススメします。

普段はカジュアルな言葉を使っているのに、わざわざ謙譲語でメールを書くことに違和感を持つ人もいることでしょう。

それでも、相手を尊重しているという態度を示すのに、「ございます」「存じます」が効果を発揮します。

とくにお年を召した方が相手の場合や、会社を代表してメールを出す場合などには、こうした工夫で「この人は言葉の使い方をよくわかっている」と、評価されることがことは少なくありません。

普段のメール文面の一部を「ございます」「存じます」と短く変えるだけでいいわけですから、謙譲語を有効活用しないのはもったいないと言えるでしょう。

感謝の言葉を使いこなして印象UPを目指す

- 5つの感謝フレーズを身につける。
- 「感謝」＋「自分の想い」を記す。

感謝を伝えるときに使いたい5つの言葉

　相手に感謝の気持ちを表すとき、よく使うのは「ありがとうございます」という言葉です。実際に会っているときなら、表情や声色なども加わるので、「ありがとうございます」と言うだけでも感謝の気持ちは十分に伝わるでしょう。

　ですが、メールの場合は文章だけで表現することになります。

　そこで、相手に好印象を持ってもらえるよう、センスがいいと思われる5つの言葉の使い方をご紹介しましょう。こうした言葉を知っていると、感謝を表現するバリエーションが増えるので、同じ言葉を重複して使うケースも少なくなります。

　まずは**「お気遣い」**というフレーズです。「ありがとうございます」の代わりに、**「いつもお気遣いいただき、心より感謝申し上げます」**といった文面にするだけで、淡白な印象がなくなります。

　似ているフレーズとして**「お心遣い」**もあります。「お気遣い」は気にかけていただいたことに対するフレーズ、「お心遣い」は相手の行為に対して感謝するフレーズです。たとえば、「雨が降って濡れませんでしたか」と言われたら「お気遣い」、「雨が降っているのでこの傘を使ってください」と言われたら「お心遣い」のフレー

ズを使います。状況に合わせて使い分けるようにしてください。

「**ご配慮**」というフレーズも効果的です。相手が気を配ってくれたときには、「**お忙しいなか、ご配慮いただきまして、誠にありがとうございました**」と書くようにしましょう。

ちょっと堅いフレーズですが、「**ご高配**」も評価があがる言葉です。「**平素は格別のご高配を賜り、厚く御礼申し上げます**」という言い方になります。目上や年配の方などが相手の場合には、自分がしっかりした人物であることを印象づけられるでしょう。

最後は「**ご深慮**」というフレーズです。「**ご深慮賜りまして、誠にありがとうございます**」と書くことで、相手に深く考えてもらったことに対する感謝の気持ちを示すことができます。

メールは文章だけなのでセンスが問われますが、状況に応じて言葉を使い分けるだけで、印象が一変することもあるのです。

感謝を伝えたいときのパワーフレーズ

相手に感謝の気持ちを伝える場合には、「感謝」に加えて「自分の想い」もセットにすると、相手の気分もよくなって、その後の仕事を円滑に進めやすくなります。

この「感謝」プラス「想い」の組み合わせは、とくに私がよく使っている得意技でもあります。

参考までに下記の文面をご紹介しましょう。

「**早速のご返信をいただき、誠にありがとうございます。**

　これからの方針をうかがい、胸を熱くしている次第です」

「**貴重なお時間をいただき、ありがとうございました。**

　改めて〜の重要性を再確認した次第でございます」

このように、1文目で感謝の気持ちを示したうえで、2文目に自分の今の想いを表すというわけです。

営業メールを送る場合は テンプレート感を出さない

・一斉メールでも「あなただけ」感を出す。

・音沙汰がなければ、1週間後に再送を。

営業メールはテンプレートだと 思われないよう工夫する

　本書の読者のなかには営業職の人もたくさんいることでしょう。そこで、まだ会ったことのない相手に営業メールを送る場合について考えてみましょう。

　まずは、ダイレクトメールのテンプレート感が出ないよう注意してください。テンプレートは汎用性が高いので、「誰にでも同じメールを送っているのだろう」と思われがちです。

　だからといって、テンプレートを使ってはいけないというわけではありません。テンプレートなしで1通ずつ営業メールを送るのは時間と手間をかけすぎです。下記のように、テンプレートの一部に「今回、なぜあなた宛てに営業メールを送ったのか」という個別の文面を書き加えるようにしましょう。

「御社の〜を拝見して」

「御社が〜に取り組まれていることを〜で拝見し」

　相手の個別の状況に応じて文章を工夫することで、テンプレート感がなくなります。

新しい情報も加えて
1週間後に再送する

メールを送っても返信がないこともあるでしょう。そうなると、またメールを送ることになりますが、注意点があります。

営業メールを再度送るチャンスは、最初のメール送信後の1週間後と2〜3週間後だということを押さえておきましょう。

1週間後に送るのは、相手があとで送ろうと思っていたのにそのまま忘れてしまった場合に備えてです。その際には下記のような文面を添えて、再度メールを送ってみてください。

「未送信になっていたら恐縮に存じます」

「行き違いがあったら大変申し訳ございません」

2〜3週間後に送るのは、相手がその営業内容に興味を持っていないであろう場合です。その際に大事なのは、同じ営業メールを送ってはならないということ。下記のような但し書きを入れたうえで、前回送った営業内容に新しい情報を加えるようにしてください。

「先般はお伝えできていなかった

〜についての資料も用意しておりますので、

なんなりとおっしゃってくださいませ」

このように新しい情報を加えれば、催促しながらも不快感を与えることはなくなります。

なお、ダイレクトメール感の強い営業メールは、相手が迷惑メールとして処理するおそれがあります。そうなると、それ以降はどれだけメールを送信しても迷惑メールフォルダに分類されるので、メールを受信したことすら意識されずに終わることになります。

同じドメインの会社から送られるすべてのメールが迷惑メールになるおそれがあるので、ダイレクトメールは手軽に送れる半面、リスクもあることを理解しておきましょう。

「〜させていただく」という表現でもかまわない?

　最近では、「〜させていただく」という使い方をする人が増えていることがたびたび話題にあがります。たとえば、「拝見いたします」と書くべきところを、「読まさせていただきます」と、まどろっこしく表現しているような文章のことです。

　おそらく「〜させていただく」は、自分がある行為をすることを丁寧に伝えようとする場合に便利な言い回しなのでしょう。「させていただく」とは「させてもらう」の謙譲語ですが、一般的には誤用とまでは言えないものの、好ましい表現ではないと考えられています。

　ただし、私としては、**ビジネスメールで使う程度であれば許容範囲で"セーフ"**だと考えています。言葉というものは日々変化していくものです。いまやテレビに出演しているタレントさんなどでも、当たり前のように「〜させていただく」という言い方をしている場面を多く見かけます。それくらい浸透しているのであれば、あまり目くじらを立てなくてもいいのではないでしょうか。

　本書では、**文章力がなくても短時間に60〜70点くらいのクオリティでメールを書くこと**に重きを置いています。そうであれば、「〜させていただく」の表現が適切かどうかで悩んで時間を浪費するよりも、「〜させていただく」という言い方のままでも、ほかに失礼なポイントがなければ、どんどんメールをさばいていったほうが効率的ではないでしょうか。

　ビジネスでは、正しい言い方よりも、"感じのいい"メッセージを伝えることのほうが重要なのです。

Chapter

3

"即座に送る"
デジタルツール
活用術

単語登録でキーボードの入力速度は 10 倍になる

・誤字脱字のないフレーズを書ける。
・自分に合ったカスタマイズにする。

2 文字を入力すれば一瞬で 1 文が書ける

12 ページでも触れたように、1 通のメールを作成するのにかかる時間は平均 6 分程度とされています。これを 30 秒以内で作成できるようになれば理想的です。

そこでまずは、キーボードの入力速度をあげるテクニックから紹介しましょう。日本で最速でキーボードを打てる人は 10 秒間に約 140 文字を入力できるそうです。実はその方と同じくらいの文字数を入力することができます。そのために活用しているのが単語登録というツール。普段からよく使うフレーズを登録しておけば、最初の 2 文字を入力すると一気に文章を表示できるというものです。誤字脱字がなくなるというメリットもあります。

Windows の場合は、画面右下にあるタスクバーの「A」や「あ」と表示されたアイコンを右クリックして「単語の追加」を選ぶと、登録画面が表示されます。そこの「よみ」欄に登録したいフレーズの最初の 2 文字を入力し、「単語」欄に登録したいフレーズを入力、「品詞」欄の「短縮よみ」にチェックを入れて「登録」をクリックすれば、2 文字を入力したら登録したフレーズが出てきます。

Mac の場合は、画面右上にあるツールバーの「あ」と表示され

たアイコンをクリックし、さらに「ユーザー辞書を編集」をクリックすると、「キーボード」ウィンドウが表示されます。そのなかにある「ユーザー辞書」を開いて左下の「＋」をクリックすると入力カーソルが表示されるので、「入力」欄に登録したいフレーズの最初の2文字を入れ、「変換」欄に登録したいフレーズを入力します。

OSの既定入力ツール以外にも、Google日本語入力やATOKなどほかのソフトもあり、それらでも同じように単語登録ができます。

自 分 が よ く 使 い そ う な フ レ ー ズ を 登 録 す る

私が実際に登録している単語は下図のとおりです。単語登録は自分なりにカスタマイズしてください。登録数が増えれば増えるほど、メールの作成速度をあげることができます。

私 が 使 っ て い る 単 語 登 録 一 覧

読み	語句	読み	語句
Wi	Wii-Can-Must	ごさ	ご査証のほど、よろしくお願い申し上げます。
Zo	ZoomのURLを発行いたしました。	ごさ	ご査収のほど、よろしくお願い申し上げます。
あり	ありがとうございます。	ごじ	ご自愛くださいませ。
いつ	いつも、お世話になっております。	ごち	ご調整、誠にありがとうございます。
いん	以下、インラインにて、恐縮ではございますが、失礼をいたします。	ごつ	ご都合が合わないようでしたら、おっしゃってくださいませ。
gotu	ご都合が合わないようでございましたら、おっしゃってくださいませ。(18:30以降でしたら…)	ごふ	ご不明な点等、ございましたら、おっしゃってくださいませ。
おい	お忙しいところ、誠にありがとうございます。	ごぶ	ご無沙汰しております。
おせ	お世話になっております。らしさラボ 伊庭でございます。	さ ss	さっそくのご返信、ありがとうございます!
		さし	差支えございませんでしたら、
おて	お手数をおかけいたします。よろしくお願い申し上げます。	しゅう	修正はなし、で結構でございます。
		せい	精一杯、務めさせていただく所存でございます。引き続きよろしくお願いいたします!
おて	お手数をおかけいたします。		
かち	価値観や立ち位置が異なる人に対し	せん	先般は、お忙しいところ、ありがとうございました。
こち	こちらこそでございます。	ぜん	全力で務めさせていただく所存でございます。
こちら	こちらからご入室を頂いても、よろしいでしょうか?	てき	さっそく、テキストを作成いたしました。
		てん	添付のファイルでございます。
ころ	コロナ禍が収束しない状況ですが、くれぐれもご自愛ください。	ひん	頻出フレーズ
		よろ	よろしくお願い申し上げます。
ごか	ご確認のほど、よろしくお願い申し上げます。	らし	らしさラボ

「gotu」と「ごつ」を使い分けることで、類似フレーズでも異なる表示が出るように工夫しています。また、「さ ss」と入力すると「さっそくの〜」が表示されます。

スマホの
音声入力を使えば
メールは秒速になる

・スマホの音声入力は革命を起こす。
・マイクのアイコンをタッチして使う。

音声入力はキーボード入力の10倍速い

　スマートフォンでメールを作成する場合には音声入力という機能もオススメです。音声入力のスピードはキーボード入力の約10倍とされており、スピードが圧倒的に変わってきます。この革命的な武器を使わないのはもったいないと言えるでしょう。

　スマートフォンでの音声入力が使えると、数十秒のスキマ時間にメールを返せるようになります。エレベーターや電車、赤信号でのちょっとした待ち時間に音声入力でちゃちゃっとメールを作成して返信まで行うことができます。

　もちろん詳しい説明が必要なメールはPCから送信したほうがいいですが、受領通知などのカンタンなメールであれば、どんどんスマホでさばいて手離れさせていきましょう。

実際にはどのように音声入力を行うのか

　では、音声入力のやり方について解説しましょう。

　iPhoneやAndroidで文章を入力するときはキーボード入力画面を使います。画面に表示されたマイクのアイコンをタッチすると、

音声のイコライザー画面、または「お話しください」という画面が
表示されるので、スマホのマイクに向かって話しかけることで音声
入力が可能となります。

　実際に話してみると、ほとんど完成形に近い形でテキストが出て
きます。多少の誤字脱字があるかもしれませんが、少し修正するだ
けで即座に文章を完成させられます。

　ちなみに、iPhone の場合には記号なども音声入力で変換できる
ので便利です。下図は音声入力で変換できる記号の一覧となります。
実際に使いながら覚えるようにしましょう。

音声入力で変換できる記号の例

	発声		発声
空白	タブキー	※	こめじるし
改行	かいぎょう	→	やじるし
。	まる	↑	うわむきやじるし
、	てん	↓	したむきやじるし
！	びっくりまーく	←	ひだりむきやじるし
＝	いこーる	″	だぶるくぉーてーしょん
－	まいなす	′	あぽすとろふぃー
＆	あんど	①	まるいち
＠	あっとまーく	②	まるに
／	すらっしゅ	□	しかく
＼	ばっくすらっしゅ	■	くろしかく
：	ころん	○	しろまる
；	せみころん	●	くろまる
・	なかぐろ	◎	にじゅうまる
～	ちるだ	＞	しょうなり
＋	ぷらす	＜	だいなり
？	はてな	（	かっこ
％	ぱーせんと	）	かっことじる
｜	ばいぷ	「	かぎかっこ
.	どっと	」	かっことじる
‥	にてんりーだー	〔	ちゅうかっこ
…	てんてんてん	〕	ちゅうかっことじる

Android では記号に変換できないので、音声入力後にキーボードで修正
する必要があります。

テンプレートの作成手順

- ・一度、送ったメールを登録するだけ。
- ・10個のテンプレートで入力作業は激減。

Gメールで汎用的な文章を登録する

　今度は、さらなる時間短縮を目指して、事前にシチュエーション別のテンプレートを登録する方法について解説します。Gメールでの手順から見ていきましょう。

　まずは、メールを立ち上げたときに汎用的な文章（テンプレート）が表示されるようにしておきましょう。そのためには、署名設定を用います。以降、下記の手順で登録してください。

1
Gメールの画面右上にある設定のアイコンをクリックして「すべての設定を表示」を選びます。

2

「全般」タブを選んでから、下のほうにスクロールすると「署名」の項目があります。「＋新規作成」をクリックすると、「新しい署名に名前を付ける」という画面が表示されるので、署名タイトルを「返信定型文」と入力して「作成」をクリックしてください。

3

右の空欄に汎用的な文章（返信定型文）を入力します。その後、入力画面の下に「デフォルトの署名」欄があるので、「新規メール用」と「返信 / 転送用」の両方を「返信定型文」とし、「返信で元のメッセージの前に署名を挿入し、その前の「--」行を削除する。」にチェックを入れてください。

4

画面下までスクロールして「変更を保存」をクリックすれば終了です。

　以上で、メールの新規作成や返信・転送の入力画面に進めば、デフォルトで汎用的な文章（テンプレート）と署名がセットで表示されるようになります。

Ｇメールでテンプレートを登録する

　今度は、シチュエーション別にテンプレートを登録する手順について解説していきます。

1

最初にテンプレート機能を有効化しましょう。先ほどと同じく、Ｇメールの「すべての設定を表示」まで進んだら「詳細」タブを選び、「テンプレート」欄の「有効にする」にチェックを入れてください。その後、画面下までスクロールし、「変更を保存」をクリックします。これでテンプレートを作成する設定に変更されました。

2

メール作成画面を開き、件名とテンプレートとなる文章をセットで入力しましょう。このときには署名も忘れずに入れるようにしてください。

3

画面右下にある「：」を選び、「テンプレート」から「下書きをテンプレートとして保存」に進み「新しいテンプレートとして保存」をクリックしてください。「新しいテンプレート名の入力」という画面が表示されるので、件名のテキストが入力されているのを確認したら、「保存」をクリックしてください。

以上で、1つのテンプレートを作成することができました。別の
テンプレートを作成する場合は、同じ作業を繰り返すことで新たに
登録できます。

　これで、シチュエーションに応じて使いたいテンプレートをその
つど引き出せます。実際にメール入力画面に汎用的な文章やテンプ
レートを表示させる方法については 73 ページをご覧ください。

Outlook でテンプレートを登録する

　Outlook を使う場合には「クイックパーツ」という機能で代替で
きます。こちらの手順もカンタンに解説しておきましょう。

1

メール入力画面にテンプレートと署名
をセットで記入したら、画面上の「挿
入」の「クイックパーツ」欄から「クイッ
クパーツ ギャラリーに保存」を選び
ます。

新しい文書パーツの作成

名前(N):	お忙しいところ
ギャラリー(G):	定型句
分類(C):	全般
説明(D):	
保存先(S):	NormalEmail
オプション(O):	内容のみ挿入

OK　　キャンセル

2

「新しい文書パーツの作成」という画
面が表示されます。「名前」欄に登録
名を入れ、「ギャラリー」欄を「定型句」
としたら「OK」をクリックします。

3

以上でテンプレートが登録されまし
た。実際に利用したいときは、メール
入力画面の「クイックパーツ」欄から「定
型句」を選び、表示したいテンプレー
トの登録名をクリックしたら、テンプ
レートを呼び出すことができます。

スマートフォンから
送信する場合のポイント

　スマホからメールを送信すれば、かなり効率よくメールをさばけるようになります。**移動中（エレベーターや電車、赤信号の待ち時間）、会議開始前後や打ち合わせ前後などのスキマ時間にも手軽にメールを送信できます。**

　スタンフォード大学のダニエル・シュワルツ教授によると、歩きながら考えごとをすると、座っているときより創造性が6割もアップするという研究結果があるそうです。アップル創業者のスティーブ・ジョブズがカリフォルニアのパロアルト研究所界隈を散歩しながらビジネスモデルを考えていたというエピソードは有名ですが、集中力があがるうえに、時間も有効活用できるので、まさに一石二鳥と言えるでしょう。

　ただし、スマホによるメール作成は詳細な文面を書くような業務には向いていないので、**基本的にはシンプルにメールを返信したい場合に使うことが多くなります。**

　その場合には「モバイルからの送信なので、読みにくい点があれば申し訳ございません」「携帯端末からのため、略儀で申し訳ございません」といった但し書きを添えてください。

　こうした文面を毎回書くのは面倒なので、あらかじめ署名設定で但し書きの文面と署名をセットで挿入しておくと便利です。ただし、PC版のGメールで署名設定をしていたとしても、スマホ版には反映されません。スマホの場合はモバイル署名という機能を使います。署名欄には、自分の氏名や会社名、電話番号などの情報と一緒に、断り書きの文面を入れておけばいいでしょう。

Chapter

4

「秒」でセンス
UP！！
テンプレート43選

メールの基本構造は「書き出し→本文→結び」

- 「書き出し→本文→結び」で書く。
- テンプレートで文章力は不要になる。

メール文面の基本構造とは?

まずはメール文面の基本構造について押さえておきましょう。

メール文面は「書き出し→本文→結び」という流れで書きます（書き出しと結びのポイントについては、42ページ参照）。そもそも書き出しと結びは伝えたいメッセージとは関係のない部分です。それでもこれらがなければ、何の前触れもなく用件を伝えて、お別れのあいさつもないまま、メールを切り上げることになってしまいます。

最近では、とくに社内の場合だと、チャットツールなどを使って用件のみを伝えるケースも増えていますが、ビジネスメールでは必ず「書き出し」と「結び」を入れるのが礼儀となっています。

ちなみに、本章で紹介するテンプレートには「書き出し→本文→結び（署名は除く）」がセットで入っているので、そのまま使うことができます。

```
┌─────────────────────────────────────────────┐
│              メール文面の構造                  │
│  ┌─────────────────────────────────────────┐ │
│  │ ──────── メール全文 ────────            │ │
│  │                                         │ │
│  │ 書き出し  →   本文   →   結び          │ │
│  └─────────────────────────────────────────┘ │
└─────────────────────────────────────────────┘
```

チャットなら「本文」だけでもいいですが、ビジネスメールでは「書き出し」と「結び」がないと、かなり失礼なメールとなります。

センスのいいテンプレートを使えばすべてが解決

　本章のテンプレートから使えそうな文面を見つけたら、それをベースに、掲載されている関連文例も参考にしながら編集して"自分だけのテンプレート"を作成しましょう。その後、66ページで解説した手順に従ってテンプレートを登録していきます。

　実際のメール入力画面にテンプレートを表示させるには、新規メール、返信メールのいずれかから行います。

　例えばGメールの場合、新規メール作成画面右下にある「：」から「テンプレート」を選び、使用したいテンプレート名をクリックしてください。これで、入力画面にテンプレートの文章が表示されます。

　他方、返信メールを立ち上げた場合も、新規メールのときと同様にテンプレートをクリックすれば、テンプレートの文章の下に全文引用が入った形で入力画面が表示されます。

　では、次のページの「依頼する」から、感じのいいメールの文例をご紹介していきます。

01

依 頼 す る

発注、業務を依頼する

件名：【ご相談】〜の件
〇〇株式会社
〇〇様

お世話になります。
〇〇株式会社の〇〇でございます。

このたびは、ご相談があり、
ご連絡を差し上げました。

> **Point.1**
> 依頼内容を丁寧に伝える。

〜のご依頼ができればと存じております。

**弊社内のプロジェクトで
急遽、〜が必要になり、**

> **Point.2**
> 依頼理由も伝えた
> ほうがより親切。

〇〇様のお力添えをいただければと
考えている次第でございます。

> **Point.3**
> 依頼相手を気遣う。

お忙しいところ、誠に恐縮でございますが、

ご検討いただけましたら幸いに存じます。

どうぞ、よろしくお願い申し上げます。

> **Point.4**
> 「ください」の表現を
> 避ける。

✕ ご検討ください

「〜ください」「いただけますか」という言い方は命令口調と受け取られかねません。
「〜していただければ幸いでございます」という言い方に変えて、この前文に「差し支えなければ」というクッション言葉があればよりよい文面になります。

● より丁寧な言い方で依頼する場合

◯ **〜の依頼をお願いできましたら幸いでございます**

● 面識のない相手に依頼する場合

◯ **はじめてのご連絡で失礼いたします。〇〇株式会社の〇〇でございます**

● 日時も含めて依頼する場合

◯ **〇月〇日（　）に〜を予定しておりますが、お引き受けいただくことはできますでしょうか**

依頼の段階で面談日時を指定するのはNG。セミナーや講演会など開催日が決まっている場合は理由と一緒に日時を示しましょう。

● 引き受け可能かどうかを聞く場合

◯ **〜の依頼をさせていただくことは可能でございますでしょうか**

● 多忙な相手を気遣う場合

◯ **ご多用の折、恐れ入りますが、よろしくお願い申し上げます**

相手の状況を配慮する表現を入れるとより丁寧な印象となります。
「ご状況をうかがえれば幸いです」という言い方でもOK。

02 依頼する
断られた際の心配り

件名：ご依頼した件につきまして
〇〇株式会社
〇〇様

お世話になります。
〇〇株式会社の〇〇でございます。

先日、ご依頼した〜の件につきまして、
ご対応が難しいとのご返信を賜りました。

**私も無理を承知でお願いしましたので
どうかお気になさらないでください。**

💡 **Point.1**
気にしないでほしい
旨を伝えるのが大事。

**別件でご相談することもあるかと存じますので、
その節にはまたご連絡差し上げます。**

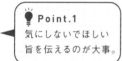

💡 **Point.2**
縁が切れたわけではな
いと相手が安心できる
フレーズを入れる。

何かありましたらご連絡ください。
よろしくお願い申し上げます。

✕ かしこまりました。また、よろしくお願い申し上げます

間違いではありませんが、心配りのセンスが感じられません。

● 代案を提示する場合

◯ ～では難しいとのことですが、〇〇社と共同で着手するのであれば、ご対応可能でしょうか

どうしても引き受けてもらいたいのであれば、相手の負担を軽減できるような案を出して、再度オファーしてもいいでしょう。

● 相手への理解を示す場合

◯ 今回は厳しい予算でのお願いとなりましたので、お気になさらず、ご放念ください

引き受けてもらえないのももっともであると感じたときには、相手への理解を示すフレーズを入れるようにしてください。

● 無理な依頼を詫びる場合

◯ こちらこそ、このたびは無理なご相談を差し上げて、誠に申し訳ありません

無理な依頼をしているという自覚があった場合には、その旨が伝わるように記しておきたいところです。

● 次の依頼予定について話しておく場合

◯ 来期も同様の事業を進める予定なので、その際にまたご相談いたします

● 返信不要の旨を伝える場合

◯ ご多用中かと存じますので、返信は不要でございます

すでに断りの返事を受け取っているので、これ以上相手の手を煩わせないよう、こうした一文を入れるようにしましょう。

03 | 依 頼 す る

打ち合わせを依頼する

件名：〜のお打ち合わせのご相談

○○株式会社

○○様

お世話になります。

○○株式会社の○○でございます。

Point.1
面談を依頼する前に相手を気遣う文面を入れる。

お忙しいところ、大変恐縮でございます。

まだ先のことではありますが、
来年のイベントについて
準備をしておきたく、

Point.2
打ち合わせが必要な理由を添えると親切。

〜の件で一度お話を賜りたく、ご連絡いたしました。

お時間を頂戴し、お話をうかがうことは

可能でございますでしょうか？

勝手な申し入れとなりますが、

ご検討いただければ幸いに存じます。

どうぞよろしくお願い申し上げます。

✕ **たとえば、下記のご都合などいかがでしょうか（以下日程を提示）**

日程調整は相手から打ち合わせ OK の返事をもらってからにしましょう。

● 「ご説明」という表現を使う場合

○ **お差し支えなければ、一度ご説明させていただきたいと存じております**

「お差し支えなければ」というクッション言葉が入ると、ぶしつけ感が解消されます。

● 「お願い」という表現を使う場合

○ **お打ち合わせをお願いできませんでしょうか**

● 「ご都合」という表現を使う場合

○ **ご都合はいかがでしょうか**

● 打ち合わせを依頼する場合

○ **お打ち合わせの機会を賜れましたら幸いでございます**

● 資料を添付する場合

○ **詳細は添付にて失礼いたします**

添付ファイルを送る場合には断り書きを添えましょう。

● 商品紹介と一緒に打ち合わせを望む場合

○ **弊社では～という商品を販売しておりまして、一度お話をさせていただきたく存じております**

商品やサービスを紹介したうえで面談をお願いすることもあるでしょう。簡単な紹介文を入れるようにしましょう。

04

依頼する

気持ちが伝わる日程調整

件名：日程候補をお送り申し上げます
○○会社
○○様

お世話になります。
○○株式会社の○○でございます。

先日は、お忙しいところ、誠にありがとうございました。
ご多忙のところ、大変恐縮でございます。

お話をおうかがいし、
今から楽しみでなりません。

💡 **Point.1**
相手に意気込みや
想いを示したうえで
日程調整に入る。

早速、お言葉に甘えまして、日程候補をご提示申し上げました。
下記、ご都合はいかがでございましょうか。

【候補日時】

① ○月○日（火）10:00 ～ 11:00
② ○月○日（水）11:00 ～ 12:00
③ ○月○日（木）13:00 ～ 14:00

💡 **Point.2**
候補日時が複数ある場合は箇条書
きにすると、返信もしやすくなる。

💡 **Point.3**
候補日の記載は、「10:00 ～
11:00」と終わりの時刻も記
入し、「曜日」も記入する。

ご都合が合わない、
またはご不明な点などがございましたら
おっしゃってください。
よろしくお願い申し上げます。

✕ ○月○日○時（候補日時の提示が1つのみ）

候補日時が1つだけなのは自己都合だと受け取られてしまいます。一般的に候補日は3つ程度で十分ですが、忙しい役職者が相手なら、5つ程度を目安にしてください。

● 候補日時が少ない場合

○ ピンポイントな日時指定で申し訳ございません

候補日時は3つくらい提示すべきですが、2つ以下にならざるを得ない場合にはその旨を詫びておきましょう。

● 候補日時が直前の場合

○ 直前の候補日も含まれており、申し訳ございません

メールの翌日が候補に含まれている場合は、入れておきたい文言。

● 幅のある時間を提示する場合

○ ○月○日（火）10:00 ～ 14:00 の間（1時間程度、賜れましたら幸いです）

時間を幅広く提示して、「そのうちの1時間」といったような時間指定をすることもあります。

● 10分前倒し、または後ろ倒しの時間を指定する場合

○ ○月○日（水）10:00 ～ 10:50 （中途半端な時間となりますこと、ご容赦ください）

30分、1時間の単位でない場合は「中途半端な」と記すことでお詫びの気持ちだけでなく、誤解の予防にもなります。

● 候補日以外でも対応可能である旨を伝える場合

○ 上記以外の日程も調整は可能でございますので、ご都合が合わないようでしたら、おっしゃってくださいませ

05 | 依頼する
日程変更のお詫び

件名：日程の調整ができず、申し訳ございません

○○株式会社

○○様

お世話になっております。

○○株式会社の○○でございます。

お忙しいところ、ご調整を賜りまして、誠にありがとうございます。

誠に申し訳ございません。

せっかくご調整くださった日程に**所用が入ってしまっており、**

心よりお詫びを申し上げます。

> 💡 **Point.1**
> 相手の心証が悪くなり
> かねないので、あいま
> いな理由にとどめる。

勝手ながら、お伝えさせていただけるなら、

いま、下記がおうかがいできる日程でございます。

ご都合のほど、いかがでしょうか。

①○月○日（　）○時

②○月○日（　）○時

　※ご都合が合わないようでしたら、

　おっしゃってくださいませ。

> 💡 **Point.2**
> マストで入れたい文面。

それ以降の日程をご提示するようにいたす所存でございます。

お手数をおかけいたし、誠に申し訳ございません。

本当に感謝しかございません。

何卒、よろしくお願い申し上げます。

NGのケース

✕ 仕事が忙しいため、参加を見送らせていただければ幸いです

自分都合の理由で断るのは相手に対して失礼です。多忙を理由にするのはやめましょう。具体的な理由は書かずに「所用で〜」などの言い方にとどめてください。

● 都 合 が 悪 い 旨 を 伝 え る 場 合

◯ あいにく、その日は所用が入っており、申し訳ございません

● 日 程 の 再 調 整 を 依 頼 す る 場 合

◯ みなさまのご都合が合わず、再調整をさせていただくことになりました。せっかくご調整をいただきましたのに、誠に申し訳ございません

とくに複数人のスケジュール調整を行う場合には、提示した日程候補でまとまらないこともあります。

● 別 の 日 程 候 補 を 提 示 す る 場 合

◯ 下記のいずれかの日程でお願いできればと存じております

● 何 度 も 日 程 を 調 整 す る 場 合

◯ 何度もの調整で、大変心苦しいですが

相手の意向に添えないときには「心苦しいですが」や「残念ですが」といったフレーズを使いましょう。

● 上 司 の 代 わ り に 出 席 す る 場 合

◯ 上司の〇〇が出張のため出席できず、代わりに私が参加することになりますが、ご了承のほどよろしくお願いいたします

06 | 依頼する
感じのいい修正依頼

件名：～の修正のお願い

○○株式会社

○○様

お世話になっております。

○○株式会社の○○でございます。

昨日頂戴した～の件についてご連絡差し上げました。

～という理由で、2点修正する必要がございます。

お手数ですが、ご対応願えますでしょうか。

Point.1
修正箇所が複数ある場合は、箇条書きで見やすく。

【修正箇所】

① 「□□」と記載の箇所をすべて「○○」に変更

② 「××」のマークを削除

○月○日（　）までにお送りいただけましたら
幸いでございます。

Point.2
忘れずに締切を伝える。

お忙しいところ、大変恐縮でございますが、

何卒よろしくお願い申し上げます。

✕ 〜までに修正をお願いしたいです

「〜たい」は自分軸になり、自分のことしか考えていないような言い回しになります。
相手のことを考えての文面を心がけましょう。

● 急な修正を依頼する場合

○ このタイミングでのお願いで大変恐縮です

こちらの都合で急な依頼をすることになったのであれば、相手から
責められる前に謝っておきましょう。

● 修正を急いでほしい場合

○ こちらの都合で大変恐縮ですが、締切が迫っております して、修正は明日中にお願いできますと幸いでございます

急ぎの依頼で申し訳ない気持ちを示しつつも、期限はしっかり伝え
ましょう。

● 相手がミスをしていた場合

○ 確認をしたところ、〜が違っているようです。念のため、確認をお願いしてもよろしいでしょうか。お忙しいところ、恐縮でございます

「違っています」と断定せず、「違っているようです」と推量表現に
しましょう。また、「お忙しいところ、恐縮です」と付け加えるとベ
ター。

● 修正の代替案について相談する場合

○ こちらでも頂戴した箇所の修正を進めておりましたが、〜といった誤解を生む可能性もあり、代替案として〜のようにさせていただくのはいかがでしょうか

「そのような修正をすると、誤解を与えますので」と表現するより、
可能性の示唆にとどめたうえで、代替案を示すのがいいでしょう。

07

依頼する

確認を上手にお願いする

件名：～のご確認のお願い
○○株式会社
○○様

お世話になっております。
○○株式会社の○○でございます。

～の件につきまして、ご連絡をいたしました。

試供品は明日着で御社宛に郵送の手配をいたしました。
到着後、ご確認いただきたく存じておりますが

 Point.1
ボリュームが大きい場合は、とくにどこを確認してほしいかを具体的に。

とくに～を重点的にチェックしていただければ
幸いでございます。

来週末までにご返事をいただくことは可能でしょうか。

お手数をおかけしますが、よろしくお願い申し上げます。

 Point.2
幅を持たせた期日を伝える場合は「今週中」「来週末」などの表現に。

NG のケース

✕ ～までに返事をいただけますか

丁寧な聞き方をしていますが、命令形になっているので失礼に当たります。

● 確 認 期 間 が 短 い 場 合

◯ 日数がなく、誠に恐縮でございますが

一般的に 1 週間以内の締切となることは失礼にあたります。お詫び
の気持ちは忘れずに添えるようにしましょう。

● 迅 速 に 確 認 し て も ら っ た 場 合

◯ 迅速なご対応、誠にありがとうございました

● 締 切 へ の プ レ ッ シ ャ ー を か け た い 場 合

◯ もし、私のほうで何かサポートできることがあれば、おっしゃってくださいませ

表面的にはサポートしたい旨を述べていますが、このように伝える
ことで、言外に「納期までにチェックをお願いします」というプレッ
シャーもかけられます。

● 納 期 を 守 れ そ う に な い 場 合

◯ 最善を尽くしますが、～という状況がありまして、数日ほど遅れてしまう可能性がございます

「最善を尽くす」という意気込みを示しながらも、理由とセットで納
期に間に合わないかもしれない旨も伝えるようにしましょう。

● 相 談 し た い 場 合

◯ 確認をいたしました。 1点、ご相談をさせてくださいませ。と言いますのも……

「～していただいていいですか?」と伝えると、相手の善意の提案を
無下にしてしまうこともあるので、相談のスタイルがベター。

08

依頼する

納期延期を伝える

件名：納期延期のご依頼

○○株式会社

○○様

お世話になっております。

○○株式会社の○○でございます。

お忙しいところ、大変恐縮でございます。

さて、来週の○月○日（　）の納品とお約束していました〜の件ですが、

ご猶予をお願いできませんでしょうか。

想定を超えた原材料の不足が発生しており、
時間がかかっております。

> **Point.1**
> 納品が遅れる理由は
> 必須。

心よりお詫びを申し上げます。

> **Point.2**
> こちらの落ち度なの
> で、謝罪の意を示す。

お約束をしておりましたのに、大変申し訳ございません。

○月○日（　）には必ずご納得いただける商品を納品できると確信しており

ます。

何卒、事情をご理解のうえ、ご配慮のほどお願い申し上げます。

NG のケース

 なるべく早く（一両日中に）納品いたします

納品日があいまいな言い回しは NG です。

NG のケース

 弊社にミスがありました

「ミス」という言葉はダイレクトな表現でスマートではありません。「ミス」は信頼を失いやすい言葉です。「社内で行き違いがありました」のような文面に変えましょう。

● 文面の最後にこちらの姿勢を示す場合

○ **その分、さらにご満足いただける商品を納品させていただく所存です**

● 理由を理解してほしい場合

○ **ご理解とご了承をいただけますよう、よろしくお願い申し上げます**

やむを得ない状況であることを受け入れてほしいという気持ちを表しましょう。

● 同じ事態を招かないという決意を示す場合

○ **今後はこのようなことがないよう努める所存でございます**

● 何度もお詫びを伝える場合

○ **重ねてお詫び申し上げます**

「申し訳ございません」のフレーズが多出する場合には、「重ねて」や「重ね重ね」という表現を添えるようにしましょう。

09

依頼する

失礼のない値段変更の伝え方

件名：〜値上げのご依頼
○○株式会社
○○様

お世話になります。
○○株式会社の○○でございます。

お忙しいところ、大変恐縮でございます。

ご愛顧いただいております〜という商品は、
昨今の事情もあり、コスト高で値上げせざるを得ない
状況になりつつあります。

つきましては、○月○日（　）より〜の料金を改定いたす運びとなりました。
弊社でも、最善を尽くしたのですが、

ご期待に応える結果にならずお詫び申し上げます。

> **Point.1**
> 値上げしないよう努力した旨を伝える。

**今後はより一層ご満足いただけますよう
精一杯努めさせていただく所存です。**

> **Point.2**
> 値上げ後も会社として努力する姿勢を示す。

ご理解賜れましたら幸いでございます。
引き続き、変わらぬご愛顧のほど
よろしくお願い申し上げます。

✗ **弊社で検討した結果、〜をお願いいたしたく**

検討しただけではなく、値上げの理由も伝えるようにしましょう。

●より丁寧に依頼する場合

○ **誠に恐縮ではありますが、〜の値上げをお願いしたく存じます**

●努力した旨を伝える場合

○ **コスト削減に努めてまいりましたが**

●今後の意気込みを示す場合

○ **誠心誠意努めてまいる所存でございます**

Chapter
4

依頼する

Column

値上げ依頼で必要な 3 点セット

値上げを依頼するときは、値上げしないよう「努力」したこと、そして値上げとなってしまったことに対する「お詫び」、今後はさらに「頑張る」といった姿勢がわかるような文面にしましょう。「努力」「お詫び」「頑張る」という 3 つの言葉がないメールは淡白な印象を与えかねません。なお、値上げといった難しい状況はメールだけでは話がまとまらないこともあります。直接会って話をするなど、なるべく誠意が伝わる方法を検討するようにしましょう。

10

依 頼 す る

丁寧に見積もりを依頼する

件名：お見積書送付のお願い

○○株式会社

○○様

お世話になります。

○○株式会社の○○でございます。

Point.1
送付を依頼する側のほうが立場は上なので、シンプルな表現でOK。

お忙しいところ恐縮でございます。

～のお見積もりをメールで頂戴してもよろしいでしょうか。

来週末には稟議にあげたく存じまして、

○月○日（　）までにいただけましたら幸いでございます。

お忙しいところ勝手を申しますが、

何卒よろしくお願いいたします。

Point.2
○日（　）までに必要である理由を伝える。

✕ ○日までに送ってください

まず「〜ください」がNGなのと、期限だけ指定するのもやや乱暴な印象を与えます。理由も一緒に添えるようにしましょう。

✕ 次回の会議までに提出したいので

見積書が必要な理由を伝えたいのでしょうが、「〜したい」という直接的な言い方はNGです。「次回の会議までに間に合わせたく」といった表現に変えましょう。

● 見積もり内容の詳細を伝える

○ 以下の内容でお見積もりをお願い申し上げます。（以下に詳細を入れる）

商品・サービス名、個数、宛名などを記しておけば、相手が見積書の記入項目を確認しやすくなります。

● 料金を知りたい場合

○ 〜の検討にあたり、先に料金だけでもおうかがいすることは可能でしょうか

● 見積書を催促する場合

○ 行き違いがありましたら、申し訳ございません

こちらの不備で確認漏れがあるかもしれないので、相手を責め立てないような言い方にしましょう。

● 見積もりの金額が合わない場合

○ 頂戴したお見積もりの金額では、予算を超えている状況でございます。誠に恐縮ではございますが、お値段の相談は可能なものでしょうか

Chapter
4

依頼する

11

照会・確認・質問する

嫌みのない納期確認

件名：進捗状況のご確認

○○株式会社

○○様

お世話になっております。

○○株式会社の○○でございます。

先日ご相談した〜の件の進捗状況について

確認できればと思いまして、ご連絡を差し上げました。

念のため、確認をさせてくださいませ。

予定通り、

納期は○月○日（　）という理解で
問題ございませんでしょうか。

> **Point.1**
> 相手を責めているわけではないというニュアンスで。

納品が遅れますと、再度の社内調整が必要になるため、

改めて確認した次第です。

> **Point.2**
> なぜ確認しているかの理由も伝える。

作業中のところ、恐れ入りますが、

ご返信いただければ幸いです。

何卒、ご理解のほどよろしくお願い申し上げます。

NG のケース

 納期は〇〇で大丈夫でしょうか

「大丈夫?」という聞き方は、相手を信用していないように感じられます。

NG のケース

 〇日までの納品が可能かご回答をいただけますか

「ご回答を〜」という言い方には「私の質問に答えろ」というニュアンスが出て、相手に義務感が生じてしまいます。

● ほ か の 理 由 を 伝 え る 場 合

○ **関係者への説明が必要になりますため、誠に恐縮でございますが、予定の確認をさせていただいても、よろしいでしょうか**

● こ ち ら の 想 い も 伝 え て 確 認 す る 場 合

○ **〜までにいただけるとのこと、感謝を申し上げます。お忙しいところ、恐縮でございます。企画を拝見するのが楽しみでございます**

こちらが理解している内容を示すときは、自分の想いとセットで伝えると相手も悪い気がしないでしょう。

● 先 方 の 事 情 に も 配 慮 し た 表 現 を 使 う 場 合

○ **お忙しいところ誠に恐縮でございます。〜までに頂戴できれば幸いに存じますが、ご都合いかがでございますでしょうか**

12

照会・確認・質問する

商品在庫を問い合わせる

件名：在庫状況についてのご確認

○○株式会社

○○様

お世話になっております。

○○株式会社の○○でございます。

御社の〜という商品の在庫状況につきまして、

照会ができればと思いまして、ご連絡いたしました。

店舗では品切れとなっておりましたが、

御社に〜の在庫はおありでしょうか。

💡 **Point.1**
連絡した目的を先に示す。

もし、在庫があるようでしたら、

下記の住所にご郵送いただきたく存じます。

💡 **Point.2**
署名だけでなく、本文にも住所を記したほうが、より丁寧。

〒 000-0000

△△県△△市○―○―○

お手数をおかけして大変恐縮でございますが、

ご確認いただければ幸いです。

何卒、ご理解のほどよろしくお願い申し上げます。

NGのケース

 御社のほうに在庫はございますか

「〜のほう」という文言は直球すぎなので入れないほうがいいでしょう。「御社に在庫はございますか」でも十分に文意は伝わります。

NGのケース

 在庫状況について、ご教授願えますでしょうか

状況を教えてもらうだけなら「ご教示」が正解。「ご教授」は専門的な知識などの教えを請う際や、長期的な関係を築くためのあいさつに使われるもの。

●丁寧な表現で在庫を確認する場合

○ **先日は、〜の件では誠にありがとうございました。さっそくではございますが、在庫状況について、確認をさせてくださいませ**

●値段を確認する場合

○ **金額についてご教示願えますか**

●サービスの有無を確認する場合

○ **〜の取り扱いはございますでしょうか**

●返信を望む旨を伝える場合

○ **お手数ですが、ご返信いただければ幸いでございます**

問い合わせなので、必ず「返信」が必要となります。こちらが購入側の場合には、遠慮せず返信を求めるようにしましょう。

13 照 会 ・ 確 認 ・ 質 問 す る
追加のメールをする

件名：再度のご質問

○○株式会社

○○様

お世話になっております。

○○株式会社の○○でございます。

先日、〜についてご質問を差し上げたばかりでございますが、

追加で教えていただきたい点があります。

〜を購入したいと考えておりますが、

ご郵送いただく場合の送料等を含めた

価格をお聞かせ願えますか。

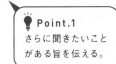

Point.1
さらに聞きたいこと
がある旨を伝える。

何度もの確認で、お手数をおかけして、

大変恐縮ですが、ご返信いただければ幸いです。

何卒よろしくお願い申し上げます。

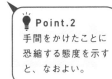

Point.2
手間をかけたことに
恐縮する態度を示す
と、なおよい。

× **大変、恐縮でございますが、〜についての回答をお待ちしております**

「回答」よりは「ご返事」が正解。「ご回答願います」は失礼とまでは言わないものの、社内のコミュニケーションに使える程度のレベルです。

● 窓口かどうかを確認する場合

○ **〜についてのお問い合わせ先はこちらでよろしいでしょうか**

メール先が問い合わせの窓口かどうかを聞くと丁寧な印象を与えられます。

● 一度目の質問の場合

○ **〜の件で、確認をさせてくださいませ**

最初に質問する場合には、具体的に聞くようにしてください。

● 仕事の詳細を尋ねる場合

○ **〜についての詳細を、うかがってもよろしいでしょうか**

「〜について教えてくださいませ」でも OK。「疑問形」のほうが、より丁寧になります。

● 別の言い方で回答を聞く場合

○ **〜についてお聞かせいただけますか**

「〜いただく」を疑問形にすることで、命令口調をやわらげましょう。

● 提案を求める場合

○ **〜について検討しております。ご提案をお願いすることは可能でございますか**

14

ウェブ会議のURLを伝える

件名：Zoom の URL を発行いたしました
○○株式会社
○○様

お世話になっております。
○○株式会社の○○でございます。

早速、Zoom の URL を発行いたしました。
お時間になりましたら、こちらからご入室をいただいて、
よろしいでしょうか。
＊＊＊＊
トピック：～～～～
時間：○○○○年○月○日（　）00:00
Zoom ミーティングに参加する
https:// ～～～～～
ミーティング ID: ○○○○○○○
パスコード：○○○○○○
＊＊＊＊
お手数をおかけいたします。

**ご不明な点など、ございましたら
おっしゃってくださいませ。**

楽しみでございます。

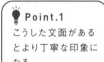

Point.1
こうした文面がある
とより丁寧な印象に
なる。

Point.2
会議への意気込みを
示す。

よろしくお願い申し上げます。

NG のケース

✕（ウェブ会議の URL を貼りつけただけ）

『Zoom など、下記のようなデフォルトの文言をペーストするだけでは不親切です。
「時間：202X 年 1 月 26 日 09:00 PM 大阪、札幌、東京
　Zoom ミーティングに参加する
　https://＊＊＊＊＊＊＊＊＊＊」
お時間になりましたら、こちらからご入室くださいませ。ご不明な点等、ございま
したらおっしゃってください』などの文言を添えると親切。ウェブ会議に慣れてきた
としても、ご不明点がないかなどを添えることで丁寧な印象になります。

● 相手がデジタル機器の扱いに慣れていない場合

◯ ご不明な点がありましたら、携帯電話（〇〇〇-〇〇〇〇-〇〇〇〇）にご連絡ください

● 会議の進行を説明する場合

◯ 当日のアジェンダは下記の通りです

Column

日程候補を記入するときの注意点

URL を発行したら、日時とセットで示すのが一般的です。実際に
メールに記入する際は、その箇所をコピー＆ペーストしますが、注意
したいのが、ウェブ会議のサービスによって時間の表記がまちまち
なことです。たとえば、14 時を示すのに、「0200」だったり「02：
00　PM」となっていたりします。そういうときは、コピペしたうえで
「14：00」や「PM　02：00」といったように編集しましょう。ウェ
ブ会議のサービスが普及してから日が浅いせいか、こうした表記の
ルールはまだ定まっていない状況です。コピペで OK とは思い込ま
ず、その文面を再度確認するようにしてください。

15 案内・通知する
リマインダーメールを送る

件名：〜の事前のご確認
○○株式会社
○○様

お世話になっております。
○○株式会社の○○でございます。

Point.1
先に状況を伝える。

いよいよ〜が直前に迫りました。

お手数をおかけしますが、よろしくお願い申し上げます。

以下をご確認いただき、
ご不明な点、相違点などございましたら
お気軽におっしゃってください。

○月○日（　）○時
場所：○○○○○
緊急連絡先：000-0000-0000

※とくに問題がないようでしたら、
ご返信は不要でございます。

Point.2
「返信不要」と明言
するほうがより親切。

NGのケース

✕ 念のため、リマインダーメールをお送りしました

「念のため」だけでは、「あなたのこと信用できないので」といったニュアンスに受け取られる誤解も。「行き違いがあるといけないので、念のため」と丁寧に伝えるのがベター。

NGのケース

✕ ～の件、滞りなく進んでおられますでしょうか

「滞りなく」という言い方は上から確認しているようなニュアンスがあります。「～の件、いかがでしょうか。ご不明な点がございましたらサポートいたします」と変えましょう。

● 締切を再確認してもらう場合

◯ ～の案件の締切が間近になってまいりました

案件の締切を再度伝える場合は「間近になりました」といった表現を使いましょう。

●こちらの進捗を報告しつつ、リマインダーをする場合

◯ おかげ様で、計画通りに進捗いたしております。もし、変更の必要などがございましたらおっしゃってくださいませ

先方にリマインダーを入れる際、共同で作業を行っているなら進捗報告をすることで、安心してもらえます。これも大事な心配りです。

●念のため、進捗を確認したい場合

◯ この度は、お引き受けをいただき感謝を申し上げます。その後、ご不明点、納期に無理はございませんでしょうか。もし、ございましたら、おっしゃってくださいませ

先方にリマインダーを入れる際、気遣いを示すように確認を入れるのがベター。この表現ですと、納期変更になるケースはほとんどありません。

16

案内・通知する

熱意を込めた企画書を送付

件名：企画書を作成いたしました

○○株式会社

○○様

お世話になっております。

○○株式会社の○○でございます。

先日は、お忙しいところ、誠にありがとうございました。

お話をうかがい、ますます楽しみでございます。

企画書を添付いたしました。

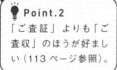

💡 **Point.1**
まず意気込みを示す。

ご査収のほど、よろしくお願い申し上げます。

💡 **Point.2**
「ご査証」よりも「ご査収」のほうが好ましい（113ページ参照）。

ご不明な点、改修すべき点がございましたら、

遠慮せずにおっしゃってください。

よろしくお願い申し上げます。

NG のケース

✕ 企画書をお送りします

「送らせていただきます」が敬語として正しいです。

NG のケース

✕ 企画書を添付いたします

現在形の表現でも間違いではありませんが、このメールに添付しているということ
が伝わらない場合があります。「添付いたしました」と過去形で書いたほうが確実
です。

● 企画書を説明する場合

◯ 本企画のポイントは～となっています

「おうかがいした点を踏まえて～」というように、企画書作成の経緯
を伝えるのも可。

● 感想も述べる場合

◯ お話をうかがいまして、～であることを改めて確信 いたしました

企画書添付と一緒に、この企画への想いや感想を伝えると、相手
との距離が縮まるので、ぜひ入れるようにしましょう。

● 相手に困りごとがあると思われる場合

◯ 同僚のごとく、お気軽にご相談くださいませ

● 添付一覧を示す場合

◯ 以下を添付いたしました。 ご査収のほどよろしくお願いいたします （以下、添付したファイル名を並べる）

相手が確認できるよう、添付したファイル名を必ずメール本文に示
すようにしましょう。

17 案内・通知する
担当変更の上手い伝え方

件名：担当者変更のごあいさつ

○○株式会社

○○様

お世話になっております。

○○株式会社の○○でございます。

担当者変更のお知らせで、ご連絡いたしました。
今回の人事異動で、来月から同じ○○課の○○が
御社との業務を引き継ぐことになりました。

> **Point.1**
> 新担当者について
> ポジティブな面を簡
> 単に紹介する。

**後任の○○は～での評判が高く、
きっと○○様にもご満足いただけると確信しております。**

近日中に、御社にごあいさつにうかがいますので、
その際に○○をご紹介いたします。

> **Point.2**
> 当然ながら自社の姿勢は
> 変わらない旨を伝える。

**担当が代わっても、さらにご満足いただけるよう、
精進いたす所存でございます。**

今後とも引き続き、ご指導、ご鞭撻のほどよろしくお願い申し上げます。

✕ 後任は〇〇になります

新担当者の名前だけでは、相手としては不安に感じます。どんな人なのかなど簡単に説明を入れましょう。また、「なります」は何かが変化するときや結果をあらわすときに使う言い回しなので間違いです。

● メールのみで連絡する場合

○ 本来はごあいさつにうかがうべきところを、メールにて失礼いたします

最近は重点顧客以外の連絡はメールのみのケースが多いです。直接おうかがいできない場合にはこうした文面を使うようにしましょう。

● 育児休暇取得のため担当を変更する場合

○ 私事で大変恐縮ですが、妻の出産に伴い、〇月〇日（　）より育児休暇をいただくこととなりました。休暇中は、弊社〇〇が担当させていただきます。〇月〇日（　）以降は、〇〇へご連絡くださいませ。突然のご報告となり、誠に申し訳ございません

● 新担当者が後輩である場合

○ 最初のうちは何かと至らぬ点も多いと存じますが、〇〇は〜の実績も多く持っているので、ご安心ください

相手が不安を感じていることもあるので、新担当者のポジティブな面を伝えるようにしてください。

● オンラインの面談を望む場合

○ 近日中におうかがいするのが難しく恐縮でございます。オンラインにてごあいさつの機会を賜れればと存じております

18

案内・通知する

クレームへの上手い返事

件名：業務体制を改善いたします

○○株式会社

○○様

お世話になっております。

○○株式会社の○○でございます。

> **Point.1**
> 意見を反映させるために努力した旨を伝える。

先般は弊社の～についてご指摘を賜りまして、

誠にありがとうございました。

その後、頂戴したご指摘について議論を重ねまして、

業務体制を改善する運びとなりました。

店舗の人員を増やすことで、

お客様へのサービスに不備がないよう

努める所存でございます。

> **Point.2**
> サービスの質が下がらない旨を伝える。

今後はよりご満足いただけますよう、

サポートの充実に努めてまいりますので、

変わらぬご支援のほどよろしくお願い申し上げます。

NGのケース

 頂戴したクレームについて、深くお詫びを申し上げます

相手に「いただいたクレーム」は失礼。「クレーム」は「貴重なご意見」に言い換えましょう。

NGのケース

 具体的に～という対応をとることになりました

具体的かつ詳細な対策を伝えすぎると、のちに「言った・言わない」のリスクが生じることもあります。

NGのケース

 弊社では人員が限られており、コストの観点からも～な対応はできません

つらつらと理由を並べるのはNG。「そのほかにもできることがあるのでは？」と受け取られかねません。自社の事情はあまり強調しないようにしましょう。

● 今すぐ対応できない場合

○ **弊社で議論を重ねまして、今すぐの対応は厳しいものの、今後に向けての貴重なご示唆を頂戴したものととらえております**
具体的な取り組みを提示できない場合でも、相手の意見をしっかり受け取った旨だけでも伝えるようにしましょう。

● 今後の決意を伝える場合

○ **二度とこのようなことがないよう、最善を尽くす所存でございます**

● 別の言い方で業務の見直しを伝える場合

○ **ご教示いただきましたことを貴重な課題と受け止め、業務の在り方を話し合うこととなりました**

19

案内 ・ 通知 する

キャンペーンを案内する

件名：キャンペーンのご案内
○○株式会社
○○様

お世話になっております。
○○株式会社の○○でございます。

Point.1
淡白さが出ないよう日頃からの感謝を伝える。

平素は格別のご高配を賜り、誠にありがとうございます。

弊社ではこのたび新商品〜のキャンペーンを
実施する運びとなりました。

キャンペーン期間中に商品をご購入いただいたお客様には、
送料無料に加えて、〇％の割引という、
お得な料金設定になっております。

Point.2
DM的な内容なので、購入を強く勧めない文面に。

なお、キャンペーン期間は下記の通りです。
○○○○年○月○日（　）〜○月○日（　）まで

**またとない、お得なキャンペーンでございますので、
ご連絡をさせていただきました。
ご不明な点がございましたら、
何なりとおっしゃってくださいませ。**

何卒よろしくお願い申し上げます。

詳細は改めて、お伝えできればと存じます

キャンペーンをお知らせするときには、どんな内容なのかに少し触れないと、相手の興味を引くことができません。

● キャンペーン対象者を限定する場合

○ **当店の商品をご購入いただいたお客様のみに、このご案内をお送りしています**

● レア感を出したい場合

○ **またとない、限定〜名様のキャンペーンでございます**
こうした文面を盛り込むと、購買意欲をそそるので効果的です。

● 感謝の気持ちも一緒に伝える場合

○ **日頃の感謝を込めまして〜のキャンペーンを実施いたします**

● 理由を入れる場合

○ **〜のご要望を受けまして／〜のご期待に応えまして**
商品やサービスをリリースした理由を伝える場合には、こうした文面を添えるようにしてください。

● 別の言い方で割引を伝える場合

○ **ご購入いただいた際には〜となります**

● 展示会を案内する場合

○ **下記の日程で〜の展示会を行います**

Chapter
4

案内・通知する

20

案内・通知する

商品発送（到着）を伝える

件名：商品発送のご連絡

〇〇株式会社

〇〇様

お世話になっております。

〇〇株式会社の〇〇でございます。

このたびは～の商品のご注文、
誠にありがとうございました。

> 💡 **Point.1**
> まず注文への感謝を示す。

本日、発送の手配が完了いたしましたので、

ご連絡を差し上げました。

明日の午前着でお届けできる予定となっております。

> 💡 **Point.2**
> 到着予定日は時間指定まで伝えると親切。

請求書を同封いたしましたので、

商品が到着しましたら、

お支払いの手続きを進めていただければ幸いです。

今後ともよろしくお願い申し上げます。

✕ ご査証のほど、よろしくお願い申し上げます

正しくは「ご査収」。「ご査証ください」は、「きちんと証明してください」という意味を含むので、目上の人に使うと失礼になる場合があります。

● 宅配の詳細を伝える場合

○ 宅配でお送りします。お問い合わせ番号は下記になります（以下に番号を入れる）

問い合わせ番号を伝えておくと、発送トラブルが起きたときに顧客自身で対応がしやすくなります。

● 常連客へ感謝を伝える場合

○ いつもご愛顧賜りまして、ありがとうございます

購入者がお得意様であれば、日頃からの感謝を伝えるようにしましょう。

● 商品が遅延する場合

○ 入荷日が確定次第、改めて当方よりご連絡いたします。お待ちいただくこととなり、大変申し訳ございません

この前の文で遅延の理由を伝えたうえで、今後の見通しを示すようにしましょう。

● 品切れを伝える場合

○ 〜は品切れとなっており、再入荷の目処が立たない状況です。誠に申し訳ございません

● 商品発送以外でも相談してほしい旨を伝える場合

○ 不備などございましたら、ご連絡いただければ幸いです

Chapter

4

案内・通知する

21

回答・承諾する

業務依頼を承諾する

件名：Re: 〜ご依頼の件
〇〇株式会社
〇〇様

お世話になっております。
〇〇株式会社の〇〇でございます。

このたびは〜についてのご依頼をいただきまして、
誠にありがとうございます。

ご提示いただきました内容にて、喜んでお引き受けいたします。

今後の業務の進め方につきましては、
詳細をご相談させてください。

> **Point.1**
> オンラインのみで済ませたいなら、この文面はカットする。

**御社におうかがいすることも可能ですし、
お忙しいようでしたら、**

オンラインや電話でも問題ございません。

まずはごあいさつも兼ねて、承諾のお知らせまで。

よろしくお願い申し上げます。

> **Point.2**
> 丁寧に返信すべきところを、メールで早めに伝えたい場合の文言。

NGのケース

✕ 了解しました。お引き受けいたします

「了解」という文言はNGです。これは、上司が部下に伝える、または同僚同士で伝える場合に用いる表現です。「承知」や「かしこまりました」という文言に変えましょう。

NGのケース

✕ ご依頼の件、けっこうです／ご依頼の件、大丈夫です

つい使いがちな言葉です。カジュアルな言い回しなうえに、「お引き受けするかどうか」がわかりにくいので、こういった表現は使わないようにしましょう。

● 要望や条件に異論がない場合

◯ ～ということで問題ございません

● 自分の気持ちも伝えたい場合

◯ ぜひお引き受けいたします

「ぜひ」「ぜひとも」という言葉があると、さらに気持ちが伝わります。

● 断る場合

◯ 検討を重ねましたが、今回はお引き受けが難しく、申し訳ございません

● 条件面の交渉をする場合

◯ お引き受けしたいところではございますが、他社との公平性の観点から、この条件では承ることが難しく存じます

22

回 答 ・ 承 諾 す る

ご注文を承る

件名：ご注文を承りました
○○株式会社
○○様

お世話になっております。
○○株式会社の○○でございます。

いつも弊社の商品をご愛顧くださり、
誠にありがとうございます。

💡 **Point.1**
先に日頃からの感謝
を伝える。

さて、先日は〜の商品をご注文いただきまして、
厚くお礼申し上げます。
現在、出荷手続きを進めております。

出荷準備が完了した段階で、
再度ご連絡差し上げますので、
到着日等はその際にお伝えいたします。

💡 **Point.2**
至急返信した旨を
伝える。

まずは受注のお知らせまで。

次のご連絡まで今しばらくお待ちください。

NGのケース

✕ **いつも、ありがとうございます。対応させていただきます**

「対応」は事務的なニュアンスとなるので、相手にあまりいい印象を与えません。

● 注文受諾を伝える場合

○ **〜のご注文を確かに承りました**

● 再度連絡する旨を伝える場合

○ **発送の準備が整い次第、もう一度ご連絡するようにいたします**

● 次回の注文への期待を伝える場合

○ **今後もお引き立てのほど、よろしくお願い申し上げます**

今後に備えて、再度の購入を促す文面を入れておくといいでしょう。

● 注文変更を受諾する場合

○ **ご注文変更の件、承知いたしました**

● 注文取り消しを受諾する場合

○ **〜の注文をキャンセルされる件、承りました**

● 理由を添えて注文取り消しを受諾する場合

○ **〜の注文取り消しの件、まだ手配前でございますので、承知いたしました**

今回は「手配前」だから取り消し可能という理由を伝えることで、今後のキャンセル防止に努めるようにしましょう。

23

断る

せっかくの業務依頼を断る

件名：ご相談の件につきまして
〇〇株式会社
〇〇様

お世話になっております。
〇〇株式会社の〇〇でございます。

ご相談をお受けした〜の件ですが、
残念ながら今回は見送らせていただきたく存じます。

弊社は〜でして、
社内でも検討いたしましたが、時期尚早との意見が多く、
誠に恐縮でございます。

何卒ご理解、ご了承賜りますよう、
引き続き、ご愛顧のほど、よろしくお願い申し上げます。

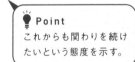

💡 **Point**
これからも関わりを続け
たいという態度を示す。

NGのケース

✗ お受けいたしかねます

拒否感が強く出るのでNG。相手との関係性を維持するのにふさわしい言葉ではありません。「お引き受けするのが難しい」など柔らかい言い方を心がけましょう。

NGのケース

✗ 私には力不足で、対応するのが難しいです

相手からすると「もっと本気で頑張れ」と思われてしまうことも。「いまの状況を踏まえると、対応するのが難しく、誠に恐縮でございます」など、「状況が許さない」という「不可抗力」を理由にしたほうがスマート。

● 申し訳ない気持ちを伝える場合

○ 大変心苦しいのですが、ご希望に添いかねるところでございます。せっかくのお話にもかかわらず、申し訳ございません

断る場合には、お詫びの気持ちも一緒に伝えたほうがスマートです。

● 返事を保留する場合

○ 早速、検討いたします。〇月〇日（　）までに回答する流れでもよろしいでしょうか

「数日の猶予をいただけないでしょうか」といったあいまいな期日設定は、相手にストレスを与えかねません。しっかりと期日を伝えるようにしましょう。

● 条件をつけて返事をする場合

○ ご要望の半分程度の作業であれば、お引き受け可能でございます。いかがでしょうか

24

断る

イベント参加を上手く断る

件名：祝賀イベントへの参加について
○○株式会社
○○様

お世話になっております。
○○株式会社の○○でございます。

このたび○月○日（　）に〜の祝賀イベントを開催されるとのこと、
心よりお祝い申し上げます。
また、お声掛けをいただき光栄に存じます。

そのようななか、誠に申し訳ありませんが、
この日は欠席とさせていただけませんでしょうか。

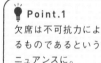

💡 Point.1
欠席は不可抗力によるものであるというニュアンスに。

イベント開催日は〜を予定しておりまして、

誠に残念なのですが、参加が難しい状況でございます。
このような失礼な返事となりますこと、
何卒ご容赦のほど、よろしくお願い申し上げます。

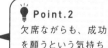

💡 Point.2
欠席ながらも、成功を願うという気持ちを伝える。

**参加は難しいものの、
イベントの成功を心より祈念いたします。**

今後とも、ご愛顧を賜りますようお願い申し上げます。

✕ その日は、作業が立て込んでおりまして、参加が難しいです

作業が立て込んでいるのは自分側のこと。相手にとっては関係ありません。

● 別 の 理 由 で 断 る 場 合

◯ その日は弊社でもイベントを開催する予定でして、参加がかないません

有休などで欠席する場合にはそう書かないようにしましょう。その場合には「所用が入っており」といった言い方に。

● 参 加 を 望 ん で い た 旨 を 伝 え る 場 合

◯ これに懲りず、ぜひ次回開催のときにもお誘いくださいませ

● 次 回 の 参 加 の 意 思 を 伝 え る 場 合

◯ 次回はぜひ参加したいと存じております

今回の出席はかなわないものの、次回があればぜひ出席したいという想いは伝えておいたほうがいいでしょう。

● す で に 出 席 の 意 思 を 伝 え て い た 場 合

◯ 当初は出席をお伝えしておりましたが、急遽～といった状況が発生しまして、今回は出席することが不可能となりました。心よりお詫びを申し上げます。何卒、ご容赦を賜れましたら幸いでございます

そもそもドタキャンなど緊急の変更は、その時点で信用を失う行為です。やむを得ず欠席する場合には、「あってはならないこと」と認識している旨を伝えるようにしてください。

● 欠 席 の 代 わ り に 贈 り 物 を す る 場 合

◯ 心ばかりのお祝い品をお送りいたしましたので、お納めください

25 催促・抗議・反論する
正しい支払いの催促

件名：〜のお支払いにつきまして
○○株式会社
○○様

お世話になっております。
○○株式会社の○○でございます。

○月○日（　）付けでご請求を差し上げました
〜の代金について、本日時点でまだご入金の確認ができ
ておりません。

ご多忙ゆえに、何かしらの手違いかと存じますが、
何卒お調べのうえ、
至急、ご連絡をよろしくお願い申し上げます。

> 💡 **Point.1**
> まずは事実を端的に
> 伝える。

本メールと行き違いでお支払いされておられましたら
悪しからずご容赦ください。

取り急ぎ、よろしくお願いいたします。

> 💡 **Point.2**
> 「行き違い」の場合に
> 備えて、断り書きは
> 必ず入れる。

✕ お支払いのほど、よろしくお願い申し上げます

「お支払い」というのはダイレクトな表現で、相手の不払いが確定であると決めつけているニュアンスが出てしまいます。支払っていた場合に備えて、「ご対応のほど〜」といったフレーズに変えましょう。

● 最初に確認を促す場合

◯ 〜の請求についての確認ですが

● 入金日を聞く場合

◯ よろしければ、ご入金の予定日をご連絡いただければと存じております

入金などお金に絡む話は期日を確認するようにしましょう。

● 改めて支払条件を伝える場合

◯ 御社とのお約束では、請求月の翌月末にお支払いいただくことになっております

そもそもどういう話になっていたかを伝えるときに「お約束では〜」といったフレーズは定番。

● 請求書の着・未着自体を確認する場合

◯ 請求書はお手元に届いておりますでしょうか

● 強く警告する場合(複数回の遅れが見られるとき)

◯ 〜までにお支払いいただけないと、〜のリスクが発生いたします

Chapter
4

催促・抗議・反論する

26 催促・抗議・反論する
請求書送付を催促する

件名：【再度】ご請求書送付のお願い
○○株式会社
○○様

お世話になります。
○○株式会社の○○でございます。

お忙しいところ、大変恐縮でございます。

～の請求書をまだ確認できていない状況です。

> 💡 **Point.1**
> 相手の納得を得るために、請求書が早急に必要な理由を述べる。

誠に勝手ながら、

弊社の経理の都合上、
○日までに頂戴することはできますでしょうか。

もし行き違いがございましたら、申し訳ありません。

お手数をおかけしますが、
ご確認のほどよろしくお願い申し上げます。

> 💡 **Point.2**
> こちらの不備かもしれないので、相手を責め立てないようにする。

NGのケース

 請求書がまだ送られてきていません

相手の不備を主張する強い表現です。「行き違いがありましたら〜」のように、こちらに不備があるかもしれないという言い方にしましょう。

NGのケース

 請求書はそろそろいかがでしょうか

「まだですか」と言いたいのでしょうが、口語表現のかなり失礼な言い方です。

NGのケース

 進捗状況はいかがでしょうか

時間のかかる仕事を依頼したときに様子見の目的で使うフレーズですが、請求書や見積書の送付の場合に使う表現ではありません。

NGのケース

✕ **これ以上の遅れとなると、お支払いができなくなるおそれがあります**

何度も督促を重ねた末に使う、脅しに近い言い方です。1回目の請求書の遅れなら軽いトーンで伝えるべきです。強く言いすぎると、大きなトラブルにも発展しかねません。

●案件終了後すぐに請求書送付を依頼する場合

○ **〜のご対応、ありがとうございました。早速ですが、請求書をお送りいただきたく存じております**

●不備があって請求書の再送を依頼する場合

○ **頂戴した請求書に〜が抜けているようです。大変お手数ですが、〜を修正のうえ、ご再送いただけますでしょうか**

27

催 促 ・ 抗 議 ・ 反 論 す る

不誠実な対応に抗議する

件名：今後に向けてのご相談

○○株式会社

○○様

お世話になっております。

○○株式会社の○○でございます。

> 💡 Point.1
> すでに誠意のない対応を受けていることを伝える。

～の案件につきまして、

御社の○○様にご相談してきましたが、

ご返答をいただいていない状況でございます。

そこで、やむなく上司である○○様にご連絡いたした次第です。

このような相談は本意ではありませんが、

同様のことが、複数回にわたって
発生した経緯もございます。

> 💡 Point.2
> 強く抗議したいときには事実関係をしっかり伝える。

誠に勝手なご相談ではございますが、

ご対応をお聞かせいただければと存じております。

何卒、至急ご返答をいただければ幸いです。

よろしくお願い申し上げます。

✕ **御社の～という事情も理解できますが、
弊社としましては見すごすわけにはいかないと考え
ております**

「～ですが」「～ので」という言い方は、こちらの事情を優先し、相手の事情を考慮
していないように受け取られかねません。

● 担 当 者 に 直 接 抗 議 す る 場 合

○ **その後、ご返事をいただいていないようです。
いかがでしょうか。
行き違いがあれば申し訳ございません**

たとえ「行き違い」がなかったとしても、「行き違いがありましたら～」
というフレーズを入れたほうがスマートです。

● 早 急 の 返 信 を 求 め る 場 合

○ **大変、恐縮ではございますが、〇月〇日(　)までに、
ご回答いただくことは可能でしょうか。
何卒、よろしくお願い申し上げます**

● 説 明 を 求 め る 場 合

○ **この件につきましては、社内にも説明が必要なた
め、何かしらのご説明をいただきたく存じる次第
でございます**

● や や 強 い 口 調 で 抗 議 す る 場 合

○ **ご事情はあるかと存じますが、早急な御社の誠意
ある対応をお願いしたく存じます**

丁寧さを欠いた抗議はのちにトラブルに発展することもあります。
「ご事情はあるかと存じますが」といったクッション言葉を入れま
しょう。

Chapter

4

催促・抗議・反論する

127

28

催促・抗議・反論する
欠陥品について抗議する

件名：〜の不具合につきまして
○○株式会社
○○様

お世話になっております。
○○株式会社の○○でございます。

○月○日（　）にご納品いただいた商品につきまして、
弊社で検品した結果、
〜に問題があることが判明しました。

> 💡 **Point**
> はじめてならこういう書
> き方はしないが、何度も
> の不手際なら事実関係を
> しっかり伝える。

このまま使用するとお客様に多大なご迷惑をかけるリスクがございます。
今後このような事態が起こらぬよう、
早急に原因を究明していただくようお願い申し上げます。

重大な懸案事項と考えております。
御社の誠意あるご返答をお待ちしております。

✕ **弊社の業務が、現在大きく遅延する原因となって
おります**

自社の被害状況を伝える場合に「大きく〜」といった表現を見かけることがありま
すが、誇大に見えます。稚拙な印象を与えるので、「大きく」はカットして伝えましょう。

● 再納品を求める場合

○ **お手数をおかけしますが、至急、再納品をお願い
いたします**

相手に非があったとしても、「お手数をおかけしますが」などのクッ
ション言葉を入れたほうがスマート。

● 不適切な対応に強く抗議する場合

○ **誠に遺憾ではございますが、今後の対応によって
は法的手段に訴える可能性もございます**

本当はそうしたくないというときには「誠に遺憾ではございますが」
などのクッション言葉を使いましょう。

● 品違いを指摘する場合

○ **確認したところ、ご納品いただいた商品は品違い
でございました**

「確認したところ」というクッション言葉も多用できます。

● 商品を送り返す場合

○ **着払いにて返送しても、差し支えございませんで
しょうか**

「着払いにて返送いたします」と通告するよりも、このように尋ねる
表現にしたほうがスマートです。

29

納期遅延に対して抗議する

件名：～の納期遅延につきまして
〇〇株式会社
〇〇様

お世話になっております。
〇〇株式会社の〇〇でございます。

> **Point.1**
> 最初に事実関係を端的に伝える。

**〇月〇日（　）が納期の～の件ですが、
お約束の期日をすぎてしまいました。**

幾度か電話やメールで催促差し上げましたが、
ご返答をいただけておらず、
納期遅延となったことは大変遺憾に存じております。

> **Point.2**
> 自分ではなく、周囲に迷惑がかかる旨を伝える。

**このままでは、取引先にご迷惑がかかる
おそれがあります。**

改めてご相談いたしますが、当面は〇月〇日（　）までに
～をご納品いただけますでしょうか。

折り返しのご返事をお待ちしております。
よろしくお願い申し上げます。

NG のケース

✕ お約束通り、〇月〇日には納品をお願いします

こうした表現は相手を信用していないと伝えることと同義で、関係に亀裂が入るリスクがあります。「〜ということで間違いないでしょうか」と確認する言い方に変えましょう。

● 急いで連絡してほしい旨を伝える

○ 至急、遅延のご事情と納品予定をご連絡いただければ幸いでございます

● 注文取り消しに抗議する場合

○ すでに手配が完了しており、代金が発生している状況でございます。誠に恐縮ではございますが、注文キャンセルは承服いたしかねます。
何卒、ご理解のほど、よろしくお願い申し上げます

断るだけではなく、事情を説明して同意を得るほうがスマートです。

● 事前に納期を守るよう促す場合

○ いよいよ納期となる〇月〇日（　）が近づいてまいりましたので、確認のメールをお送りいたしました。もし行き違いがございましたら、おっしゃってくださいませ。よろしくお願い申し上げます

相手が納期を理解していることもよくあるので、必ず「行き違い」というフレーズを使うようにしましょう。

● 賠償を匂わす場合

○ 納品遅延による賠償につきましては、改めてご相談させていただければと存じております

賠償を匂わす程度であれば、「ご相談」あたりが適切でしょう。

30

催 促 ・ 抗 議 ・ 反 論 す る

間違いをスマートに指摘する

件名：～の再確認のお願い

○○株式会社

○○様

お世話になっております。

○○株式会社の○○でございます。

Point.1
「一方」だけでなく「両者」の問題であるというニュアンスに。

～の案件につきまして、

ご連絡を差し上げた次第でございます。

先般、～していただくことをお願いしたと認識しておりますが、

両者の認識に齟齬があるように存じております。

つきましては、再度、意見のすり合わせを行いたく、

お時間を頂戴することは可能でしょうか。

この段階なら軌道修正しても納期には間に合う状況です。

お手数をおかけしますが、

ご検討のほどよろしくお願い申し上げます。

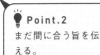

Point.2
まだ間に合う旨を伝える。

NGのケース

✕ ご認識に齟齬があるようでございます

この表現だと、相手の理解不足を指摘している文言になります。「双方の認識に齟齬があるようでございます」といったように、お互いに非があるニュアンスにするのがいいでしょう。

NGのケース

✕ 僭越ではございますが／お言葉ではございますが

ビジネスにおいて、こうした感情的なフレーズは使わないほうが無難。反論したい場合には「大変申し上げにくいことではございますが」といったクッション言葉を添えましょう。

●こちらの認識を伝える場合

○ ～とおっしゃっていたと認識しておりますが、相違はございますでしょうか

事実として先方が言ったことを冷静に伝えるようにしましょう。

●いったん相手の意見を聞く姿勢を示す場合

○ おっしゃる通り～でございます。一方で、～といった状況に鑑みますと……

「しかし」「でも」「ただ」といった反論表現より、「一方で」といった視点を変える表現のほうがスマート。また「鑑（かんが）みますと」は大人の表現として覚えておくと便利。

●すでに話がついていた旨を伝える場合

○ ～につきましては、すでに御社の○○様のご同意のうえで進めております。
～の経緯については、○○様にご確認をいただくことは可能でございますでしょうか

たまに「○○様におうかがいいただけないでしょうか」という言い方をする人がいますが、「うかがう」は謙譲語なので自分以外には使いません。

31 謝罪する
返金をもってお詫びする

件名：不良品納品の件
○○株式会社
○○様

お世話になっております。
○○株式会社の○○でございます。

～の商品の一部に不良品が混入していたとのこと、
心よりお詫び申し上げます。

御社のご損害につきましては、返金などを通じて、
できる限り補償するよう努める所存でございます。

> **Point.1**
> メールのみでなく、直接または電話で説明するケースが多い。

つきましては、**弊社の責任者がおうかがいしますので、
日時などご相談させていただきますよう申し上げます。**

原因につきましては、現在調査中でございますが、
**今後はこうした事態が再発しないよう
社内体制を構築いたします。**

> **Point.2**
> ただ謝るだけでなく、今後の対応まで伝えることが大事。

このたび多大なご迷惑をおかけしたことを、
改めてお詫び申し上げます。

✕ すべて、わたくしどもの責任です。申し訳ございません

謝罪するにしても、何に対してお詫びしているかは明確にしておきたいところです。「～につきましては、大変ご不快な思いをさせてしまい、申し訳ございませんでした」と限定して謝罪する（部分的謝罪）ことが大事。

● 自社のミスについて恐縮する場合

○ ～につきましては、弊社のミスであることが判明いたしました。ただただ恐縮でございます

ミスの詳細をしっかり記すことで、事態を把握しているというニュアンスを含ませるようにしましょう。

● 次はミスをしない旨を伝える

○ 以後、このような不手際がないよう厳重に注意していく所存でございます

● 今後の付き合いを願う旨を伝える場合

○ どうぞ今後も変わらぬご支援のほど、よろしくお願いいたします

こちらに非があるので、相手に歩み寄るフレーズは入れておきたいところです。

● 電話連絡する旨も伝える場合

○ のちほど、お電話でも状況を説明させていただきます

謝罪の場合にはメールだけで済まないことも多いです。まずはメールで簡潔に状況を説明したうえで、対面や電話で詳細な説明と謝罪をするというステップを踏みましょう。

Chapter
4

謝罪する

32 | 謝 罪 す る

心から納期遅れを謝罪する

件名：〜の納期遅延につきまして

○○株式会社

○○様

お世話になっております。

○○株式会社の○○でございます。

納期遅れのため、大変なご迷惑をおかけし、
誠に申し訳ございません。

> 💡 **Point.1**
> 想定外の事態だった
> 旨を伝える。

〜は予想以上の受注状況となっておりまして
弊社の生産体制が追いつかない状況が続いております。

つきましては、**先行してご注文の半数分を納品し、**
残り分につきましては○月○日（　）までに
お届けすることで

ご了承いただければ幸いです。

> 💡 **Point.2**
> こちらで対応できる
> 部分があれば示す。

今後はこのようなことがないよう
生産体制を見直す所存でございます。

このたびは御社にご迷惑をおかけしたことを
心よりお詫び申し上げます。

✕ 繁忙期のために納期が遅れる状況となってしまいました

そもそも自社の繁忙期を読み込んだうえで、「受注する・しない」は決めるものなので、繁忙期を理由とするのはNGです。

● 納品日が未定の場合 1

◯ 確実な納品日が決まり次第、すぐにご連絡いたす所存でございます

● 納品日が未定の場合 2

◯ もう少しお時間をいただいてもよろしいでしょうか。◯月◯日（ ）までには回答を差し上げます

期日はできる限り伝えるようにしましょう。あいまいな回答は相手にストレスを与えかねません。

● 大まかに見通しを伝える場合

◯ 遅くとも◯日（ ）までにはお送りできるかと存じます。出荷日が確定しましたら、改めてご連絡差し上げます

「遅くとも◯日まで」といった見通しだけでも伝えておくべきです。

● 早急に対応している旨を伝える場合

◯ ～という事情で納品が遅れてしまいました。現在、急いで生産を行っております

こちらが対応している旨も伝えることで、相手の不安感をやわらげるように努めましょう。

● 納品時に受取を求める場合

◯ 納品した際にはよろしくご査収ください

33

謝罪する

誠意あるクレーム対応

件名：今後の対応について
○○株式会社
○○様

お世話になっております。
○○株式会社の○○でございます。

このたびは〜の件でご迷惑をおかけして、
誠に申し訳ございませんでした。

> 💡 Point.1
> まずは迷惑をかけた
> ことを謝罪する。

その後、

○○様のご意見を参考に、弊社チームでは協議を重ね、
これまで以上にスムーズな連絡体制を
構築する運びとなりました。

> 💡 Point.2
> 何かしらのアクショ
> ンを起こした旨を伝
> える。

今後は○○様にご心配をおかけすることなく、
完成に向けて業務を進行できますので、
今後の進行につきましては、当方にお任せいただければ幸いです。

それでは、今後ともよろしくお願い申し上げます。

✕ この件につきましては、確認もしておりましたので弊社に瑕疵はないものと存じております

自社に責任がないことを伝えたい場合でも、「瑕疵(かし)がない」と表現するのは失礼にあたります。「確認をさせていただいておりました」程度に留めましょう。

● 心 配 無 用 で あ る こ と を 伝 え る 場 合

◯ ご指摘(確認)をいただき、感謝を申し上げます。弊社では、～の対応をとっております。ご安心くださいませ

指摘をされたことに感謝を示したうえで、状況を伝えると、センスのある言い回しになります。

● 抗 議 の ニ ュ ア ン ス の 意 見 を 受 け 取 っ た 場 合

◯ 貴重なご意見をいただき、感謝を申し上げます

抗議された場合でも、感謝の気持ちを伝えるのがマナー。

● 今 後 の 参 考 に す る と 伝 え る 場 合

◯ 頂戴した貴重なご意見を無駄にすることなく、鋭意、改善に努めさせていただく所存でございます

● 自 社 に 任 せ て ほ し い 旨 を 伝 え る 場 合

◯ ～の件に関しましては、ご一任いただけましたら幸いでございます。万全の体制で務めさせていただく所存です

● 相 手 の 事 情 を 知 り つ つ 、 原 因 を 伝 え る 場 合

◯ お急ぎのご事情、重々、理解いたしております。原材料の欠品が続いており、急ぎで送らせていただくことができず、大変申し訳ございません

Chapter
4

謝罪する

139

34

感謝する

依頼への感謝を示す

件名：ご依頼いただき、ありがとうございます

〇〇株式会社

〇〇様

お世話になっております。

〇〇株式会社の〇〇でございます。

先日、ご依頼いただいた〜の件ですが、

社内で検討した結果、

喜んでお引き受けさせていただくことになりました。

御社とお取引できることは、

弊社にとりまして大変光栄でございます。

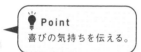

Point
喜びの気持ちを伝える。

つきましては、取引条件などの細部についてご相談させていただきたく、

一度ご面談のお時間を頂戴することは可能でしょうか。

お手数をおかけして大変恐縮ですが、

ご検討のほどよろしくお願い申し上げます。

✕ 御社からのご依頼は、弊社にとってもメリットが大きく〜

無意識に「メリット」「利益」などの言葉を使う人を見かけますが、「メリットで付き合う相手を決めるのか……」と受け取られかねず、かなり失礼です。こうした直接的な表現は使わないようにしましょう。

● 面 識 の な い 相 手 か ら 依 頼 さ れ た 場 合

○ このたびは素敵なご縁をいただき、誠にありがとうございます

「ご縁をいただき〜」だけでも悪くはないが、これに「素敵な」という表現を加えるだけで、こちらの気持ちがより伝わります。

● 引 き 受 け ら れ な い 旨 を 伝 え る 場 合

○ 今回のご依頼は大変魅力的なお話ではありますが、現在、想定を超える注文をいただいておりまして、対応できない状況となっております。誠に申し訳ございません

「繁忙期」という理由で断るのは無計画性を示すことになります。「想定を超える」といった言い回しを使いましょう。

● 譲 歩 策 を 示 す 場 合

○ 今月は難しいのですが、来月ならお引き受け可能です

対応ができなくても、何かしらの譲歩策を示すと、相手も悪い気分にはならないものです。

● 気 に な る こ と が あ れ ば 連 絡 し て ほ し い 旨 を 伝 え る 場 合

○ 何かございましたら、お気軽にご連絡いただければ幸いでございます

「遠慮なく」ではなく「お気軽に」を使うようにしましょう。「あなたからの連絡はいつでも歓迎です」というニュアンスになり、好意的な印象を与えます。

35

感 謝 す る

業務終了のお礼を示す

件名：〜では大変お世話になりました
○○株式会社
○○様

お世話になっております。
○○株式会社の○○でございます。

先日まで〜の件でご協力いただき、
ありがとうございました。

> 💡 **Point.1**
> 相手がやってくれたことと、それによる反響も書く。

○○様のご尽力のおかげで、
社内でも大変な評判となっております。

こちらの難しい要望にも誠実にご対応いただき、
スムーズに業務を進めることができました。

今後も別件でお願いすることがあるかと存じますが、
その節にはまたご相談できれば幸いでございます。

それでは今後とも、よろしくお願い申し上げます。

> 💡 **Point.2**
> 次につながるひと言があると、相手も報われた気持ちに。

✕ このたびの御社のお仕事ぶりには大変刺激を受けました

「お仕事ぶり」には、上から評価をしている微妙なニュアンスがあります。「このたびは、ご尽力を賜り、深く感謝申し上げます」がいいでしょう。

● 成果への謝意を伝える場合

○ ひとかたならぬご尽力のおかげで、ここまでの成果をあげることができたものと感謝しております

相手が普通の程度ではないほどに力を尽くしてくれた場合には「ひとかたならぬご尽力」というフレーズをよく使います。

● 納品への謝意を示す場合

○ 厳しいスケジュールのなか、納期までにご納品いただき、感謝いたします

● 感激した旨を伝える場合

○ お忙しいなか、迅速にご対応をいただき、感激いたしております。心より感謝を申し上げます

「迅速なご対応」と名詞表現にするよりも、「迅速にご対応をいただき」と丁寧な動詞表現にしたほうがセンスのある印象となります。

● 気遣いへの謝意を示す場合

○ ○○様がお気遣いくださったことで、円滑に事業を進めることができました

「お気遣い」と「お心遣い」はうまく使い分けられるようにしましょう（56ページ参照）。

● 評判を伝える場合

○ 社内だけでなく、関係各位からも反響のいい製品が生まれました

自社だけでなく、関係者からの評判もいいということを伝えると、話に説得力が増します。

36 感謝する
打ち合わせ後のお礼

件名：お打ち合わせ、ありがとうございました
○○株式会社
○○様

お世話になっております。
○○株式会社の○○でございます。

本日は、お忙しいところ、お時間を頂戴して
誠にありがとうございました。

> 💡 **Point.1**
> 打ち合わせした感想
> を伝えるのがベター。

お話をうかがい、〜と改めて実感した次第です。
これまではオンラインでやりとりをしてきましたが、
実際にお時間を頂戴して面談でのお打ち合わせができ、
大変実りのある時間となったこと、
深くお礼を申し上げます。

この面談での話をもとに
今後は「新しい手法」にもチャレンジしてまいる所存です。
お気軽に何なりとおっしゃっていただけますと
幸いでございます。

引き続き、よろしくお願い申し上げます。
※ご返信は不要でございます。

> 💡 **Point.2**
> お礼を伝えるだけなの
> で、返信不要と伝える。

✕ **お忙しいところ、わざわざお時間をいただき、ありがとうございました**

「わざわざ」は "余計な" のニュアンスにとられる誤解も。使わないのがベター。

● 来てもらったことに謝意を示す場合

○ **本日は、お忙しいところ、ご足労をいただき誠にありがとうございました**

「ご足労いただく」というフレーズは目上の人や取引先相手に使う表現です。「お越しくださり」より自然な言い回しです。

● 打ち合わせ内容についての感想を伝える場合

○ **今回も、貴重なお話をお聞かせいただき、誠にありがとうございました。とくに〜の件は、まさに重要なテーマになると確信をいたした次第です**

「お聞かせ」いただいたことの感謝と、「気づき」を述べるとセンスのよさが光ります。

● 資料作成への謝意を示す場合

○ **今回のお打ち合わせ用に、詳細な資料をご作成いただき、ありがとうございました**

事前の資料作成など相手の手を煩わせたときには、それへの謝意も示しましょう。

● 業務を進めるよう伝える場合

○ **お手数ですが、今回のお打ち合わせで決定したように〜を進めていただければと存じます**

● 次回の打ち合わせ内容を伝える場合

○ **今回の打ち合わせで懸案となっていた〜について、次回は議論できればと考えております**

打ち合わせ時に懸案や保留となったテーマなどがあれば、忘れないようメールでも伝えておきましょう。

37

感 謝 す る

教えてもらったお礼

件名：情報のご提供、ありがとうございます

〇〇株式会社

〇〇様

お世話になっております。

〇〇株式会社の〇〇でございます。

先日の〜では大変お世話になりました。

> **Point.1**
> 何に対しての感謝か
> をしっかり示す。

**〇〇様から貴重な情報を頂戴したおかげで、
大変実りのある商品ができあがりました。**

今後も引き続き、**ご指導・ご鞭撻のほど
よろしくお願い申し上げます。**

> **Point.2**
> 「ご指導・ご鞭撻」は
> キラーフレーズ。

末筆ではございますが、季節の変わり目ゆえ
ご自愛くださいませ。

NGのケース

✕ **○○様の情報収集力には舌を巻くばかりでございます**

「さすがだと思いました」もそうですが、ビジネスでは感謝の気持ちは伝えるときに、相手を褒めるようなことは言わないのが一般的です。「○○様の情報のおかげでうまく進めることができました」という言い方に。

● 情報への感謝を伝える場合

〇 **このたびは情報収集にご尽力いただきありがとうございました**

● 情報提供の感想を伝える場合

〇 **貴重な情報のおかげで、〜のきっかけとなりました**

● 情報提供が正しかった旨を伝える

〇 **弊社でも調査したところ、○○様からご指摘いただいた通りの状況でございました**

「お示しいただく」という言い回しをする人を見かけますが、これは上から目線の表現。「ご指摘いただいた」と書くようにしましょう。

● 情報提供により対策できた旨を伝える場合

〇 **おかげさまで、早急に対策を打つことができました**

● 対応策の助言への謝意を伝える場合

〇 **情報提供だけでなく、対応策までご助言いただき、その後スムーズに事業を展開できた次第でございます**

38

感 謝 す る

ご馳走になったお礼

件名：【お礼】素敵な機会を賜り、心より感謝を申し上げます

○○株式会社

○○様

お世話になっております。

○○株式会社の○○でございます。

このたびは素敵なひとときを賜り、また最高のお食事までご馳走になり、
心より感謝を申し上げます。誠にありがとうございます。

お話をうかがい、成功の鍵は〜だと、
強く気づかせていただいた次第でございます。

私に少しでもお役に立てることがございましたら
同僚のごとく、お気軽にご相談、ご指示くだされば
幸いでございます。

> 💡 **Point.1**
> 具体的なエピソード
> で「学び」が得られ
> たことを伝える。

お忙しいなか、貴重な機会を賜りまして
本当にありがとうございました！
引き続き、ご指導・ご鞭撻のほど、よろしくお願い申し上げます。

※お忙しいと存じますゆえ、ご返信は不要でございます！

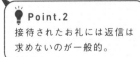

> 💡 **Point.2**
> 接待されたお礼には返信は
> 求めないのが一般的。

NG のケース

✕ **このたびは、お中元（お歳暮）をありがとうございました**

品物のお礼の場合、「お心づくしの品を賜りまして、誠にありがとうございます」とより丁寧に感謝を伝えましょう。

● 相手の経験談を聞いた場合

○ **○○様の〜の頃のお話をお聞かせくださったこと、今後の私の仕事にも資するところが大きそうです**

具体的なエピソードを交えながら、自分のためにもなった旨を伝えるようにしましょう。

● 勉強になったことを伝える場合

○ **〜のお話を詳しくご解説いただき、非常に勉強になりました**

● 称賛への謝意を伝える場合

○ **このたびは温かいお言葉をいただきありがとうございました**

褒められた場合には「身に余るお言葉」や「過分なお言葉」などのフレーズを使うと、謙遜しながら謝意を示すことができます。

● 相手の健康を気遣う場合

○ **今夏は酷暑が予想されますので、どうぞご自愛くださいませ**

締めの言葉で相手の健康まで気遣えると、好印象を抱いてもらいやすくなります。

● 今後の仕事につなげたい場合

○ **今後も仕事でお世話になることもあるかと存じますが、何卒お引き立てのほどよろしくお願い申し上げます**

仕事でお付き合いをしているわけですから、さりげなく次の仕事へのアピールも忘れずに。

Chapter 4 感謝する

149

39

社内でのやりとり（上司に向けて）

上司に日程調整を依頼する

件名：打ち合わせの日程調整の件

○○さん（係・課・部長）

> 💡 **Point**
> 会社によっては「様」を使わないところも。社内メールでは「さん」や役職名をつけるのが一般的。

お疲れ様です。
○○課の○○です。

○○部長より、〜についての打ち合わせをするよう指示があり、
ご連絡いたしました。

チーム内で、下記の候補日時があがっておりますが、
○○さんのご都合をおうかがいできれば幸いです。

【候補日時】

① 　○月○日（ 　）○時

② 　○月○日（ 　）○時

③ 　○月○日（ 　）○時

お忙しいところ、大変恐縮ですが、
ご都合が合わないようであればおっしゃってください。

NG のケース

✕ お力添えのほど、よろしくお願いいたします

上司に向けては「協力を求める」といった言い回しは避けましょう。

● 延 期 を 伝 え る 場 合

○ ～の打ち合わせの件ですが、～という理由で延期せざるを得ない状況です

延期や変更などを伝えるときは、理由もセットで伝えます。

● 再 調 整 と な っ た 場 合

○ チーム全員の都合が合わず、再度日程調整をすることになりました

● 候 補 日 が 少 な い 場 合

○ 勝手ながら、候補日は〇日（　）か〇日（　）のいずれかで考えております

候補日が少ない場合には「勝手ながら」「恐縮ですが」などのクッション言葉を入れましょう。

● 返 信 の 期 限 を 伝 え る 場 合

○ お手数ですが、〇日（　）までにご返信ください

「お手数ですが」「お忙しいと存じますが」などのクッション言葉は社内でも必須です。

● 資 料 精 読 を 求 め る 場 合

○ 事前に添付資料をご覧いただければ幸いです

参加者が資料を読んだうえで会議を行ったほうが、実りのある会議になりやすいでしょう。

40

社内でのやりとり（上司に向けて）

上司にミスを報告する

件名：業務についてのご報告
〇〇さん（係・課・部長）

お疲れ様です。
〇〇課の〇〇です。

取り急ぎ、ご報告申し上げます。
ミスをお伝えしなければなりません。

～社の～の件で、先方から業務のミスを指摘されました。
至急確認したところ、確かに私が業務内容を
間違えて理解しておりました。

大変申し訳ございません。

> **Point.1**
> 謝罪のフレーズは
> 必ず入れる。

このミスにより、会社に迷惑をかけましたことを
大変深く反省しております。
二度とこうしたミスを起こさないよう
これまで以上に努力することを誓います。

> **Point.2**
> 報告はスピードが命。正
> 確な情報が不明な状況
> でも逐次の報告は必須。

さらに詳細が判明したら、その際に再度ご報告いたします。

よろしくお願い申し上げます。

✕ ～の件について、説明いたします

微妙なニュアンスですが、「説明」という言葉には、自分は悪くないというニュアンスが含まれ、言い訳をしているように受け取られかねません。「経緯を報告させていただきます」といった言い方に変えましょう。

● ミスの詳細を伝える場合

○ ～とすべきところを、～という間違いをしてしまいました

どういうミスであったかを具体的に伝えることが大切です。

● ミスの原因を伝える場合

○ 私の確認が至らず、発注数を間違えてしまいました

● 自分だけのミスではない旨を伝える場合

○ 先方にも～といった認識の齟齬がありましたが、私の伝え方にも落ち度がありました

どのような理由でミスが生じたかを具体的に伝えるようにしましょう。

● 素直に謝罪する場合

○ 私の力不足で、～という事態を招いてしまいました

● 対面でも説明する旨を伝える場合

○ まずは、メールにてご報告いたします。後ほど、直接おうかがいしてご説明いたします

深刻なトラブルの場合には直接説明したほうがいいこともありますが、先にメールして事実を簡潔に伝えておきましょう。

Chapter
4

社内でのやりとり（上司に向けて）

41

社内でのやりとり（上司に向けて）
上司にプラン変更を伝える

件名：プラン変更のご相談
○○さん（係・課・部長）

お疲れ様です。
○○課の○○です。

先日ご指示いただきました〜の件で、
業務の進め方につきまして、
ご相談したくご連絡いたしました。

○○さんからは〜のようにアドバイスをいただきましたが

その後、クライアントの○○様から
別のプランを頂戴しまして
確かにそのほうが我々にとっても
メリットが大きいのではないかという話となりました。

> 💡 Point.1
> プランを変えた理由
> をわかりやすく。

○○さんには貴重なご助言をいただきましたが、
今回はクライアントのプランで進めるのが得策と考えております。

いかがお考えでしょうか。

> 💡 Point.2
> 上司が深く関わっている
> 案件であれば、上司の
> 意向は聞いておきたい。

お手数をおかけしますが、
ご確認のほどよろしくお願い申し上げます。

✕ 私としては手応えを感じていただけに、プラン変更は大変残念です

「私自身も手応えを感じていただけに、プラン変更になったこと、大変残念に思っております。力が及ばず、申し訳ございません」と、残念ですで終えず、力が及ばなかったことを添えましょう。他の人ならうまくいった可能性もある視点も必要です。

● アドバイスを生かせなかった場合

◯ 部長のアドバイスを生かすことができずに終わり、申し訳ありません

● プラン変更なしで進めたい場合

◯ 現状のプランでも対応可能だと思いますので、改善点を探ってみます

自分なりに考えながら行動している姿勢を伝えるようにしましょう。

● 失敗についての自分の気持ちを伝える場合

◯ 残念ながら、色よいご返事をいただくことができませんでした

● 取引不成立の理由を伝える場合

◯ ◯◯社は～という理由で、お引き受けいただくのが難しいようです

● 今後の対応を伝える場合

◯ 先方の繁忙期が終わったら、再度アプローチしてみます

次の展開や対策を考えている旨が伝わるようにしましょう。

42 社内でのやりとり（同僚に向けて）
同僚に進捗状況を確認する

件名：〜社〜の進捗状況の件
○○さん（係・課・部長）

お疲れ様です。
○○課の○○です。

現在、進行中の○○社の〜の案件の進捗状況を

確認したくメールしました。

> 💡 **Point.1**
> 現状を具体的に伝える。

○○社の○○さんからは順調に進んでいるとの
ご連絡をいただきましたが、
現在の体制のままで本当に進捗に問題がないか、
忌憚のない意見をお聞かせいただいても
よろしいでしょうか。

> 💡 **Point.2**
> 同僚に意見を求めると
> きは、こうした言い方に。

お忙しいところ恐れ入ります。
よろしくお願いします。

✕ 納期は〇月〇日（　）ということで間違いないですね

「間違いない？」という聞き方は、念を入れて確認しているように見え、相手を信用していないと誤解を与えかねません。「認識」を確認するといったアプローチにしたほうがスマートです。

● 同僚にアドバイスをする場合

〇 ～の件、～のようにするのは、どうでしょうか。意見を聞かせてください

アドバイスをする場合でも、「提案する」といったスタイルでアプローチしましょう。

● 協力を申し出る場合

〇 チームの〇〇さんから～の案件についての報告を受けましたが、問題なく対処できそうでしょうか。私にお手伝いできることがあれば、おっしゃってください

相手に「余計なお世話」だと思われないよう、さりげなく協力したい旨を伝えましょう。

● 対面での相談を提案する場合

〇 必要であれば時間をとりますので、気軽におっしゃってください

こちらも「余計なお世話」感が出ないよう、「気軽に」などの言葉を使って接するようにしましょう。

● 取引先がメールの相手を褒めているのを知らせる場合

〇 ～の件で先方より、予定よりも順調に進んでいると感謝されました。今後も引き続きよろしくお願いします

43 社内でのやりとり（同僚に向けて）
同僚に上司の指示を伝える

件名：〇〇部長より〜についての要望がありました
〇〇さん

お疲れ様です。
〇〇課の〇〇です。

〇〇さんには〇〇社の〜の案件を担当してもらっていますが、

〇〇部長より、〜というサービスも盛り込むよう
指示を受けました。

> 💡 **Point.1**
> 伝言する場合は「誰
> が何を言っているか」
> を明確に。

まずは、この案件に、

新しく付け加えることはできそうでしょうか。

もし難しいようであれば、部長が同席するとのことなので、
お気軽におっしゃってください。

> 💡 **Point.2**
> 「付け加えてください」
> と強制するのではな
> く、尋ねる表現に。

お忙しいと存じますが、よろしくお願いします。

✕ ○○部長が、〜とおっしゃっているので、お願いしてよろしいですか

間違いではないのですが、"なぜ"そのようにおっしゃっているのかを添えないと、「とにかく指示通りやってください」のように受け取られる場合があります。

● 指示をこなすのが難しそうな場合

○ 対応が難しいようなら、○○部長に相談するので、一緒にうかがいましょう

上司の要求が難しそうであれば、自分も一緒にサポートする旨を伝えましょう。

● 複雑な話をする場合

○ 要件から先にお伝えいたしますと

入り組んだ話はPREP法で整理するといいでしょう（38 ページ参照）。

● 中断を求める場合

○ 〜という状況なので、○○部長より、〜の案件はいったん中断するよう指示がありました

なぜ中断するよう言われているか、理由も忘れずに伝えましょう。

● 報告書の提出を求める場合

○ ○○社と〜の件でトラブルとなっていますが、○○部長より報告書を作成するよう申し付けられましたことをお伝えいたします

● チームのメンバーに一斉送信で伝える場合

○ 昨日、○○部長から私たちのチームに対して、〜の案件に着手するための準備をするよう指示がありました

伊庭正康（いば まさやす）

株式会社らしさラボ代表／研修トレーナー。

1991年リクルートグループ入社（法人営業職）。プレイヤー部門とマネージャー部門の両部門で年間全国トップ表彰を4回受彰、また累計40回以上の社内表彰を受け、営業部長、（株）フロムエーキャリアの代表取締役を歴任。

2011年、研修会社（株）らしさラボを設立。リーディングカンパニーを中心に年間200回を超えるセッションを行っている。実践的なプログラムが好評で、リピート率は9割を超え、その活動は多数のメディアで紹介されている。Webラーニング「Udemy」での講座もベストセラー、YouTubeの「研修トレーナー伊庭正康のスキルアップチャンネル」のチャンネル登録者数は10万人に迫る（2023年1月31日現在）。

著書に『できるリーダーは、「これ」しかやらない』(PHP研究所)、『仕事の速い人が絶対やらない段取りの仕方』(日本実業出版社)など。本書はメールをテーマにした初の著書。

ビジネスにそのまま使える！1分で送る「感じのいい」メール

2023年2月16日　初版発行

著者	伊庭正康
発行者	山下直久
発行	株式会社KADOKAWA
	〒102-8177　東京都千代田区富士見2-13-3
	電話 0570-002-301 (ナビダイヤル)
印刷所	凸版印刷株式会社

●お問い合わせ
https://www.kadokawa.co.jp/ (「お問い合わせ」へお進みください)
※内容によっては、お答えできない場合があります。　※サポートは日本国内のみとさせていただきます。
※ Japanese text only

定価はカバーに表示してあります。